Die Aufgaben

der

Staatsprüfung

für den

höheren Justiz- und Verwaltungsdienst

in Bayern.

1918.

Mit amtlicher Erlaubnis.

München 1919.
J. Schweitzer Verlag (Arthur Sellier).

Die

Staatsprüfungs-Aufgaben

im Jahre

1918.

Druck von Dr. F. P. Datterer & Cie. (Arthur Sellier) München-Freising.

Inhalt.

Erste Abteilung.

1. Aufgabe.

(Aufgabe mit fünfstündiger Arbeitsfrist.)

Die Arbeiter Georg Kraft und Joseph Huber in Aberg kauften am 15. April 1918 ein Haus in Aberg um den Preis von 10000 ℳ. In dem notariellen Kaufvertrage wurde bestimmt, daß der Verkäufer wegen der baulichen Beschaffenheit des Hauses nicht zu haften habe und daß vom Kaufpreis 7500 ℳ durch Übernahme der auf dem Hause lastenden Hypotheken und 2500 ℳ durch Barzahlung zu tilgen seien. Am 20. April wurden Kraft und Huber als Miteigentümer je zur Hälfte im Grundbuch eingetragen. Da sie mit ihrem Gelde nur die Kosten der Beurkundung zahlen konnten, bat Georg Kraft zugleich im Auftrage des Huber seine mit ihm in Gütertrennung lebende Ehefrau Anna Kraft um ein Darlehen von 2500 ℳ, damit er und Huber die Barzahlung für den Kaufpreis leisten könnten. Anna Kraft machte die Gewährung des Darlehens davon abhängig, daß hiefür zwei wohlhabende Verwandte ihres Mannes, nämlich die Zimmermannsfrau Therese Holzer und der Hausbesitzer Johann Stock in Aberg Sicherheit leisteten.

Georg Kraft ging zunächst die Therese Holzer um Bürgschaftsübernahme an. Sie unterzeichnete am 25. April ein Schriftstück des Inhalts, daß sie sich für ein von Anna Kraft ihrem Manne und dem Joseph Huber zu gewährendes Darlehen von 2500 ℳ verbürge, und händigte es dem Georg Kraft aus, der es sofort seiner Frau übergab.

Georg Kraft trug das Ansinnen seiner Frau sodann dem Johann Stock vor und wies ihn dabei auf die schon erfolgte Bürgschaftsleistung der Holzer hin. Stock willigte erst dann ein, als ihm Kraft und Huber zusagten, daß sie ihm zur Sicherstellung für den Fall der Inanspruchnahme durch die Darlehensgeberin auf dem gekauften Haus eine Höchstbetragshypothek von 2500 ℳ eintragen lassen würden. Stock ließ am 26. April bei dem Notariat Aberg eine Erklärung dahin beurkunden, daß er für ein von Anna Kraft ihrem Manne und dem Joseph Huber zu gewährendes Darlehen von 2500 ℳ auf seinem Hause eine Sicherungshypothek in diesem Betrage bestelle. Die Hypothek wurde noch am gleichen Tag ins Grundbuch eingetragen. Eine Ausfertigung der Urkunde wurde auf Antrag des Stock vom Notariat am 30. April der Anna Kraft übermittelt.

Anna Kraft hielt die Bedingungen für die Darlehenshingabe nunmehr für erfüllt und händigte am 1. Mai ihrem Manne und dem Joseph Huber, die sich als Gesamtschuldner zur Rückzahlung des Darlehens bis 1. Oktober 1918 verpflichteten, die 2500 ℳ ein. Diese tilgten damit den bar zu zahlenden Kaufpreisrest.

Therese Holzer lebte mit ihrem Manne im gesetzlichen Güterstand. Sie hatte die Bürgschaftserklärung ohne Wissen ihres Mannes unterschrieben. Dieser war darüber sehr unwillig. Sie ging deshalb am 5. Mai zu Anna Kraft und ließ nicht nach, bis diese sie von der Bürgschaft freigab.

Am 1. Juni starb Georg Kraft. Er wurde auf Grund Gesetzes von seiner Frau allein beerbt. Außer seinem Anteil an dem gekauften Haus hinterließ er kein Vermögen. Die Untersuchung des Hauses durch Sachverständige ergab, daß es wegen seiner schlechten baulichen Beschaffenheit, die dem Verkäufer nicht bekannt war, höchstens 8000 ℳ wert sei. Die dem Stock versprochene Höchstbetragshypothek hatten Georg Kraft und Huber auf dem Hause nicht bestellt. Das Haus war von den Käufern nicht bezogen worden. Die Mietzinse reichten gerade zur Deckung der Lasten. Bei der Feststellung der Nachlaßverbindlichkeiten ergab sich, daß Georg Kraft im Jahre 1916 von Johann Stock ein Darlehen von 250 ℳ erhalten und trotz Fälligkeit nicht zurückgezahlt hatte.

Als Anna Kraft dies erfahren hatte, beantragte sie sofort die Eröffnung des Nachlaßkonkurses. Das Amtsgericht Aberg wies aber am 9. Juli den Antrag mangels einer den Kosten entsprechenden Masse ab, nachdem die von ihm angestellten Ermittelungen zu dem gleichen Ergebnis geführt hatten.

Als sich Anna Kraft nach den Vermögensverhältnissen des Joseph Huber erkundigte, ergab sich, daß dieser völlig mittellos und seit kurzem flüchtig gegangen war.

Am 1. Oktober erhob Anna Kraft gegen Johann Stock Klage zum Landgericht Aberg. Im Verhandlungstermin beantragte sie klagsgemäß die Verurteilung des Stock zur Duldung der Zwangsvollstreckung in sein Haus zum Zweck ihrer Befriedigung wegen des Hypothekkapitals von 2500 ℳ. Sie machte geltend, daß Stock für ein Darlehen von 2500 ℳ, das sie ihrem Mann und dem Joseph Huber gegeben habe und für das sie weder aus dem Nachlaß ihres Mannes, noch von Huber Befriedigung erlangen könne, auf seinem Hause Hypothek bestellt habe und daß sie deshalb die Duldung der Zwangsvollstreckung auf Grund der Hypothekbestellung verlange. Zur näheren Begründung trug sie den aufgeführten Sachverhalt vor.

Stock beantragte Klagsabweisung und unter Erhebung von Widerklage die Verurteilung der Anna Kraft zur Duldung der Zwangsvollstreckung in den von ihr ererbten Anteil ihres Mannes an dem Hause zum Zwecke seiner Befriedigung für seine Darlehensforderung von 250 ℳ.

Zur Klage führte er aus: der Sachverhalt sei zwar richtig angegeben, der Klagsanspruch aber gleichwohl unbegründet. Die Darlehensforderung sei infolge des Erbganges erloschen. Die Klägerin müsse sich jedenfalls zunächst an den Hauptschuldner Huber halten. Seine Erklärung vom 26. April habe er nur unter der Bedingung abgegeben, daß die Verbürgung der Holzer gültig sei. Dies sei aber nicht der Fall gewesen, weil der Ehemann der Holzer nicht zugestimmt habe. Wäre die Verbürgung gültig gewesen, so wäre sie doch am 5. Mai wieder aufgehoben worden. Dadurch wäre seine dingliche Haftung erloschen, weil beim Fortbestand der Bürgschaft die Holzer ihm die Hälfte dessen, was er zu zahlen gehabt hätte, hätte ersetzen müssen. Er setze dem Anspruch auch die Einrede des nicht erfüllten Vertrags entgegen, weil die Höchstbetragshypothek zu 2500 ℳ auf dem von Georg Kraft und Huber erworbenen Hause nicht bestellt worden sei.

Anna Kraft beantragte die Abweisung der Widerklage, weil sie wegen Unzulänglichkeit des Nachlasses zur Deckung ihrer eigenen Forderung die Befriedigung der Nachlaßforderung des Stock verweigern könne. Die Einwendungen gegen die Klage bezeichnete sie als nicht stichhaltig. Die Verpflichtung des Georg Kraft und des Huber zur Hypothekbestellung sei wegen Formmangels nichtig.

Wie ist auf die Klage und die Widerklage zu entscheiden? Die Entscheidung ist unter Anführung der gesetzlichen Bestimmungen zu begründen. Die Einwendungen der Parteien sind dabei sämtlich zu würdigen. Die Kostenfrage bleibt außer Betracht. Die Verfahrensvorschriften gelten als beachtet.

---

2. Aufgabe.

(Aufgabe mit fünfstündiger Arbeitsfrist.)

Der Baumeister Nord in München wollte auf seinem Bauplatz einen Neubau aufführen und ließ sich von dem Bauverein Hilfe die zur Sicherheitsleistung für Straßenbaukosten erforderlichen Mittel vorstrecken; seiner Vereinbarung mit dem Verein entsprechend wurde für diesen auf dem noch unbelasteten Grundstück am 1. Oktober 1908 eine jährliche Rente von 100 ℳ, zahlbar 19 Jahre lang und durch bestimmte Kapitalbeträge ablösbar, im Grundbuch als Reallast eingetragen.

Um Mittel für den Bau selbst zu erlangen, bestellte Nord der Süddeutschen Grundschuldbank eine mit 5 % verzinsliche Grundschuld zu 10000 ℳ, die am 2. November 1908 an erster Stelle eingetragen wurde. Nachdem er auf diese Grundschuld 8000 ℳ ausbezahlt erhalten hatte, verkaufte er das Grundstück mit Urkunde vom 30. März 1909 an den Baumeister Sachs. Nach Abzug der vom Käufer zur dinglichen Haftung übernommenen bereits eingetragenen Posten verblieb ein Kaufpreisrest von 20000 ℳ, der gleichzeitig mit der Auflassung am 6. April 1909 als Hypothek ohne Brief an zweiter Stelle eingetragen wurde. Nach dem Kaufvertrage sollte der Verkäufer mit seiner Hypothek einer noch zu bestellenden Baukreditkaution im Range ausweichen.

Bevor es dazu kam, verkaufte Sachs mit Urkunde vom 20. Juli 1909 das Grundstück an Karl Ehemann, der die eingetragenen Posten zur Tilgung des Kaufpreises übernahm und von dem Inhalte der Urkunde vom 30. März 1909 Kenntnis erhielt. Mit Urkunde vom 21. August 1909 bewilligte Ehemann die Eintragung einer Sicherungshypothek an dritter Stelle für die Bayerische Baukreditbank im Höchstbetrage von 57000 ℳ sowie die Eintragung einer Sicherungshypothek an vierter Stelle für den Zimmermeister Zauberer im Höchstbetrage von 10000 ℳ. Beide Hypotheken sollten zur Sicherung aller Ansprüche dienen, die gleichviel aus welchen Rechtsgründen den Gläubigern zustünden oder zustehen würden; doch sollten auf beide Hypotheken Leistungen irgendwelcher Art nur in Teilbeträgen nach Fortschreiten des Neubaus und nur auf jedesmalige schriftliche Anweisung des Nord gewährt werden. Die Vorschüsse sollten 65 % des Bauwerts nicht übersteigen. Nur die auf solche Weise gewährten Leistungen sollten in den bestellten Hypotheken Deckung finden. Für den Fall der Vereinigung der Hypotheken mit dem Eigentum in einer Person bewilligte Ehemann zugleich die Eintragung einer Löschungsvormerkung zugunsten der Hypothek des Nord, der mit dieser Hypothek im Range hinter die neubestellten Hypotheken zurückgetreten war. Ehemann stimmte auch diesem Rangrücktritt zu. Am 22. August 1909 wurden er als Eigentümer und die beiden Hypotheken eingetragen; auch Rangrücktritt und Löschungsvormerkung wurden eingeschrieben.

Am 5. Dezember 1909 ließ Ehemann, nachdem er erklärt hatte, dem Zauberer aus dem Kreditverhältnis 10000 ℳ zu schulden, und sich verpflichtet hatte, diese Summe als Darlehen zu verzinsen, die Höchstbetragshypothek Zauberers in eine Darlehens-Buchhypothek umschreiben. Am 1. Januar 1910 trat Zauberer diese Hypothek an den Holzhändler Samstag ab, der von dem Sachverhältnis keine Kenntnis hatte. Die Abtretung wurde im Grundbuch vermerkt.

Kurze Zeit darauf hat der Bauverein Hilfe wegen zweier rückständiger Rentenbeträge die Zwangsversteigerung des Grundstücks betrieben. Die Allgemeine Versicherungsbank, an die schon früher die Süddeutsche Grundschuldbank ihre Rechte unter Mitteilung des Sachverhalts abgetreten hatte und die auch im Grundbuch als Zessionarin eingeschrieben war, zeigte dem Versteigerungsbeamten auf dessen Anfrage im Laufe des Verfahrens an, daß ihre Rechtsvorgängerin auf die eingetragene Grundschuld nur 8000 ℳ ausbezahlt habe; sie nehme jedoch gleichwohl alle Rechte in Anspruch, die sich aus der Eintragung im Grundbuch für sie ergäben.

Bei der Versteigerung am 1. August 1910 erhielt Baumeister Nord als Meistbietender für 88000 ℳ den Zuschlag.

Der Vollstreckungsrichter wies im Teilungsplan, abgesehen von den Kosten, zu: An erster Stelle dem Bauverein Hilfe zwei rückständige Rentenbeträge zu je 100 ℳ und das sich aus dem Grundbuch ergebende Ablösungskapital von 900 ℳ, zusammen 1100 ℳ; an zweiter Stelle der Allgemeinen Versicherungsbank der Eintragung im Grundbuch entsprechend 10000 ℳ mit 750 ℳ Zinsen, zusammen 10750 ℳ; an dritter Stelle der Bayer. Baukreditbank 57000 ℳ; an vierter Stelle dem Holzhändler Samstag 10000 ℳ; an fünfter Stelle dem Baumeister Nord auf seine Kaufpreisrestforderung zu 20000 ℳ nur 7800 ℳ, sodaß dieser mit 12200 ℳ ausfiel.

Gegen diesen Verteilungsplan wurden im Verteilungstermine mehrere Widersprüche erhoben:

1. Zunächst beanspruchte Baumeister Nord von dem der Allgemeinen Versicherungsbank zugeteilten Betrage den Betrag von 2000 ℳ, weil auf die Grundschuld nur ein Entgelt in der Höhe von 8000 ℳ gegeben worden sei; er meinte, er habe diese Ansprüche geltend zu machen entweder als nachfolgender teilweise ausgefallener Hypothekengläubiger oder weil die Süddeutsche Grundschuldbank die ihm gegenüber eingegangene Verpflichtung nicht vollständig erfüllt habe. Ehemann dagegen behauptete, der Betrag von 2000 ℳ komme ihm zu, weil die Grundschuld insoweit Eigentümergrundschuld geworden sei.

2. Baumeister Nord beanspruchte auch den dem Holzhändler Samstag zugeteilten Betrag von 10000 ℳ zur Deckung seines weiteren Ausfalls, indem er behauptete, der Baukredit Zauberers sei gar nicht in Anspruch genommen worden; Zauberer habe selbst Geld für den Bau nicht hergegeben und Samstag müsse den Inhalt des Grundbuchs gegen sich gelten lassen. Demgegenüber macht Samstag geltend, daß Zauberer neben den Zimmermannsarbeiten auch Baustoffe für den Neubau geliefert und im ganzen 30000 ℳ zu fordern gehabt habe; hierauf habe er 65 %, das ist 19500 ℳ aus dem Baukredit der Bayerischen Baukreditbank bezahlt erhalten, also noch 10500 ℳ zu fordern gehabt. Schriftliche Anweisungen hinsichtlich des 65 % übersteigenden Betrags habe Nord allerdings nicht erteilt. In rechtlicher Hinsicht berief sich Samstag auf seine Unkenntnis der wahren Sachlage bei Erwerb der Hypothek und darauf, daß eine Einigung und überhaupt ein Rechtsverhältnis zwischen Nord und Zauberer nicht zustande gekommen sei.

Wie ist zu entscheiden? Die von den Parteien geltendgemachten Gesichtspunkte sind zu würdigen, auch wenn es von dem jeweils eingenommenen eigenen Standpunkt aus nicht erforderlich wäre.

---

3. Aufgabe.

(Aufgabe mit fünfstündiger Arbeitsfrist.)

Der Schriftsteller Leicht in Tann war Eigentümer eines Reitpferdes und hatte es in einer von ihm gemieteten Stallabteilung des Kutschers Bug untergebracht. Am 20. Juli 1918 bot er es dem Händler Reiß in Tann zum Kaufe an, indem er wahrheitsgemäß beifügte, er trenne sich ungern von dem Pferde, müsse sich aber bares Geld verschaffen, weil er sich ehrenwörtlich verpflichtet habe, bis längstens 10. August 1918 eine Glücksspielschuld zu 900 ℳ zu zahlen. Reiß kaufte das Pferd um 1000 ℳ, fällig am 31. Juli 1918. Käufer und Verkäufer waren dabei einig, daß das Pferd dem Reiß sofort zu Eigentum übergeben werden solle. Unmittelbar nach Abschluß des Vertrags äußerte Leicht, er hätte gerne noch einen mehrtägigen Ferienritt unternommen, worauf Reiß erwiderte, das könne er auch jetzt noch tun; sie kamen überein, daß Leicht das Pferd bis Ende Juli gegen 70 ℳ Leihgeld und pflegliche Behandlung behalten, nach Belieben zum Reiten verwenden und sich die 70 ℳ am Kaufpreis abziehen lassen sollte. Er verwendete das Pferd dann zu täglichen Spazierritten; in der Bugschen Stallung wurde es wie bisher gut gehalten.

Als Leicht am 31. Juli abends 5 Uhr das Pferd übergeben und den Kaufpreisrest in Empfang nehmen wollte, erklärte Reiß, er rechne mit dem Teilbetrag zu 930 ℳ einer ihm tatsächlich gegen Leicht zustehenden Forderung zu 1100 ℳ auf. Leicht verwahrte sich hiegegen und erklärte schließlich, wenn Reiß nicht bis 2. August 1918 abends 6 Uhr zahle, nehme er die Zahlung nicht mehr an und trete vom Vertrage zurück. Das Pferd brachte er wieder in die Bugsche Stallung, wiewohl Reiß es als sein Eigentum herausverlangte. Reiß zahlte nicht und erhielt am 4. August einen Brief, worin ihm Leicht mitteilte, die Erklärung, daß er vom Vertrage zurücktrete, nehme er zurück. Statt zurückzutreten, verlange er nunmehr Schadenersatz wegen Nichterfüllung; denn er könne sich das Geld zur Zahlung der Spielschuld nur dadurch verschaffen, daß er an den Altertümerhändler Mader eine alte Uhr verkaufe, die unter Brüdern 1500 ℳ wert sei, für die Mader aber nur 1000 ℳ geben wolle. Es sei an Reiß, ihn vor diesem ungewöhnlich hohen Schaden zu bewahren; am 9. August abends 6 Uhr müsse er spätestens die Uhr verkaufen. Die Angaben des Briefes entsprachen der Wahrheit.

Reiß begab sich unmittelbar nach Empfang des Briefes zu Bug und ersuchte ihn um das Pferd. Dabei zeigte er ihm eine Karte, auf die er selbst eigenmächtig geschrieben hatte: „Geehrter Herr Bug! Wollen Sie Herrn Reiß mein Pferd, das ich ihm verkaufte, aushändigen. Leicht." Bug, der ohne Mißtrauen war, überließ ihm das Pferd.

Am 10. August verkaufte Leicht an Mader die Uhr um 1000 ℳ, da sie sich in der kurzen Zeit nicht günstiger verwerten ließ, und zahlte seine Spielschuld. Am gleichen Tage ließ er aber durch Rechtsanwalt Hurtig zum Landgerichte Tann gegen Reiß Klage auf Herausgabe des Pferdes erheben und erwirkte gleichzeitig eine einstweilige Verfügung dieses Gerichts, wonach Reiß das Pferd an einen Gerichtsvollzieher herauszugeben und zu gestatten hatte, daß es bis zur Erlassung des Urteils bei dem Posthalter Betz untergebracht werde, der sich bereit erklärt hatte, die Sequesterstelle zu übernehmen. Das Gericht hielt für glaubhaft, daß Leicht Eigentümer des Pferdes sei, sowie daß Reiß, was von diesem auch zugegeben wurde, damit umgehe, das Pferd zu veräußern.

Im Vollzuge der einstweiligen Verfügung überantwortete der Gerichtsvollzieher Streng am 12. August das Pferd dem Betz.

Am 16. August versicherte Betz mit Zustimmung des Leicht und des Reiß das Pferd bei der Viehversicherungsgesellschaft „Equilina“ um 1050 ℳ; die Gesellschaft war dafür bekannt, daß sie die höchste Schadensvergütung, nämlich 90 v. H. des Wertes, leiste. Als das Pferd am 24. August von dem Knechte des Betz in die Schwemme geritten wurde, trat es sich unterwegs einen rostigen Nagel in den Fuß. Trotz rechtzeitiger tierärztlicher Hilfe verendete es 3 Tage später an Blutvergiftung. Die „Equilina“ zahlte an Betz die Kurkosten sowie 90 v. H. der Versicherungssumme, d. i. 945 ℳ. Diesen Betrag hinterlegte Betz auf Anordnung des Prozeßgerichts, das die einstweilige Verfügung einem Antrage des Leicht entsprechend in diesem Sinn ergänzt hatte, bei der Hinterlegungsstelle.

In der mündlichen Verhandlung vor dem Prozeßgericht beantragte Hurtig entsprechend seinem Klagenachtrag zu erkennen: „Der Beklagte ist schuldig einzuwilligen, daß an den Kläger die hinterlegten 945 ℳ ausbezahlt werden, und anzuerkennen, daß von der 1100 ℳ betragenden Forderung des Klägers gegen den Beklagten 605 ℳ durch Aufrechnung getilgt sind“; hilfsweise: „Der Beklagte ist schuldig an den Kläger 330 ℳ zu zahlen und anzuerkennen, daß die erwähnte Forderung zu 1100 ℳ durch Aufrechnung getilgt ist“.

Zur Begründung wurde der Sachverhalt vorgetragen. Vom Kläger wurde dabei ausgeführt: Er sei Eigentümer und Besitzer des Pferdes gewesen, bis es verendet sei. Auf den arglistig erlangten Besitz könne sich der Beklagte nicht berufen. Als teilweiser Ersatz für das Pferd komme dem Kläger jetzt die Versicherungssumme zu. Außerdem schulde ihm der Beklagte 105 ℳ Schadenersatz; denn das Pferd sei 1050 ℳ wert gewesen und seinen Untergang habe der Beklagte durch sein rechtswidriges Verhalten verschuldet. Ferner habe ihm der Beklagte 500 ℳ Mindererlös für die Uhr zu ersetzen. Mit diesen 605 ℳ rechne er (der Kläger) gegen die 1100 ℳ des Beklagten auf. Sollte aber das Gericht den Beklagten als Eigentümer des Pferdes betrachten, so werde neben dem Kaufpreisreste zu 930 ℳ die Entschädigung von 500 ℳ begehrt und mit dem Betrage von 930 + 500 = 1430 ℳ gegen die 1100 ℳ des Beklagten aufgerechnet, so daß dieser noch 330 ℳ zu zahlen habe.

Rechtsanwalt Treu als Prozeßbevollmächtigter des Beklagten beantragte die Klage abzuweisen und erhob Widerklage mit dem Antrag:

„Der Kläger ist schuldig einzuwilligen, daß an den Beklagten die hinterlegten 945 ℳ ausbezahlt werden".

Zur Begründung brachte er vor, die hinterlegte Summe gebühre dem Beklagten als Eigentümer des Pferdes. Die Uhr sei wohl 1500 ℳ wert und unter den gegebenen Umständen nicht teuerer als um 1000 ℳ zu verwerten gewesen; aber der Kläger hätte die nichtklagbare Spielschuld nicht zu zahlen brauchen und könne deshalb die 500 ℳ nicht beanspruchen. Auf alle Fälle rechne der Beklagte mit seiner Forderung von 1100 ℳ gegen die etwa begründeten Forderungen des Klägers auf.

Rechtsanwalt Hurtig beantragte die Widerklage abzuweisen. Vorsorglich mache der Kläger an der hinterlegten Versicherungssumme ein Zurückbehaltungsrecht bis zur Leistung des Kaufpreisrestes und des Schadenersatzes geltend.

Wie ist zu entscheiden? Bei der Lösung der Aufgabe braucht nicht die Urteilsform beobachtet zu werden. Die Kostenfrage bleibt außer Betracht. Kriegsgesetze sind nicht anzuwenden.

---

4. Aufgabe.

(Aufgabe mit fünfstündiger Arbeitsfrist.)

Die im Handelsregister eingetragene Firma Selma Bär in Rombach, Amtsgerichts Felden, verkaufte im Januar 1916 an die Ortsgemeinde Neudorf, Amtsgerichts Ludwigsburg, einen Wagen Ia Speisekartoffeln. Bei dem Vertragsabschlusse wurde unter anderem bestimmt:

„Der Kaufpreis beträgt 1200 ℳ. Die Kartoffeln müssen im April 1916 in der Bahnstation Mühlberg eintreffen. Bemängelung der Ware hat telegraphisch zu erfolgen; beanstandete Ware muß zu dem Minderpreise von der Käuferin übernommen werden, den zwei beeidete Sachverständige feststellen; Erfüllungsort ist Rombach; über Streitigkeiten aus dem Vertrag entscheidet ein Schiedsgericht, das aus einem Rechtskundigen und zwei Landwirten besteht."

Die Kartoffeln kamen am 28. April 1916 in Mühlberg an, das im Amtsgerichtsbezirke Ludwigsburg liegt und zugleich die Bahnstation für Neudorf ist. Die Ortsgemeinde Neudorf ließ am gleichen Tage der Sendung einen Sack Kartoffeln entnehmen; als das geschah, war zufällig der Bürgermeister der Gemeinde Weinheim, Amtsgerichts Weinheim, und der Gutsbesitzer Huber von Binding, Amtsgerichts Binding, zugegen, die als Landwirte großes Ansehen genossen; sie besahen sich die Kartoffeln genau. Am nächsten Tage verweigerte die Gemeinde telegraphisch die Annahme der Kartoffeln, weil diese keine Speise-, sondern Futterkartoffeln seien, und beantragte bei dem Amtsgerichte Weinheim zur Sicherung des Beweises die Vernehmung des Bürgermeisters von Weinheim als Zeugen und Sachverständigen. Vor der Vernehmung verschied der Bürgermeister infolge eines Unfalls. Das Amtsgericht Weinheim vernahm hierauf auf einen neuen Antrag der Gemeinde Neudorf den Gutsbesitzer Huber in Binding als Sachverständigen. Dieser gab sein Gutachten dahin ab, daß die Kartoffeln keine Speisekartoffeln, sondern Futterkartoffeln seien, einen Wert von 700 bis 800 ℳ hätten und völlig verderben würden, wenn sie noch lange lagern müßten. Die Firma Selma Bär ließ auf das Telegramm vom 29. April 1916 nichts von sich hören und kümmerte sich auch später nicht um die Kartoffeln. Die Gemeinde Neudorf ließ deshalb die Kartoffeln nach einiger Zeit von der Bahn nach Neudorf bringen und in einem der Gemeinde gehörigen Keller aufbewahren. Als die Kartoffeln zu faulen anfingen und völlig zu verderben drohten, beantragte die Gemeinde am 15. Juni 1916 bei dem Amtsgerichte Ludwigsburg unter Bezugnahme auf die Beweiserhebung des Amtsgerichts Weinheim einstweilige Verfügung, daß die Kartoffeln öffentlich zu versteigern seien und der Erlös zu hinterlegen sei. Das Amtsgericht erließ am 16. Juni 1916 unter Annahme eines Streitwertes von 600 M ohne vorgängige mündliche Verhandlung folgenden Beschluß:

„Die Kartoffeln sind unverzüglich durch den Gerichtsvollzieher zu versteigern; der Erlös ist zu hinterlegen; die Gemeinde Neudorf hat binnen einer Frist von drei Monaten den Gegner zur mündlichen Verhandlung über die Rechtmäßigkeit der einstweiligen Verfügung vor das Gericht der Hauptsache zu laden."

Die einstweilige Verfügung wurde an die Gemeinde Neudorf am 18. Juni 1916 und an Selma Bär am 21. Juni 1916 zugestellt. Die Kartoffeln wurden versteigert; der Reinerlös zu 188 M wurde bei dem Amtsgerichte Ludwigsburg hinterlegt.

Am 17. September 1916 reichte der Vertreter der Gemeinde Neudorf beim Amtsgerichte Felden den Antrag ein, Termin zur Verhandlung über die Rechtmäßigkeit der einstweiligen Verfügung zu bestimmen; er führte dabei aus, das Amtsgericht Felden sei deshalb das Gericht der Hauptsache, weil Rombach als Erfüllungsort vereinbart und der Streitwert vom Amtsgericht Ludwigsburg auf 600 M festgesetzt sei.

Das Amtsgericht Felden bestimmte Termin zur mündlichen Verhandlung auf 30. September 1916; die Ladung zu diesem Termine wurde auf Veranlassung des Gerichtsschreibers den beiden Parteien am 20. September 1916 zugestellt.

Nach wiederholten Vertagungen wurde am 8. Februar 1917 mündlich verhandelt. In der Verhandlung erhob der Anwalt der Firma Bär die Einrede der Unzuständigkeit des Amtsgerichts Felden; er brachte vor, mit Rücksicht auf die Schiedsvertrags-Klausel sei das Gericht der Hauptsache das Schiedsgericht und nicht ein staatliches Gericht;

jedenfalls sei aber mit Rücksicht auf den vereinbarten Kaufpreis von 1200 ℳ nicht das Amtsgericht, sondern das Landgericht Felden zuständig. Der Anwalt der Gemeinde Neudorf hielt die Zuständigkeit des Amtsgerichts Felden aufrecht, beantragte aber vorsorglich, die Sache an das Landgericht Felden, Kammer für Handelssachen, zu verweisen; dazu brachte er vor: Die Gemeinde Neudorf kaufe während des Krieges im Interesse ihrer Bürger Kartoffeln auf und sei deshalb als Kaufmann anzusehen; auch die Firma Selma Bär sei Kaufmann.

Das Amtsgericht Felden erklärte sich durch Beschluß sachlich für unzuständig und verwies den Rechtsstreit an die Kammer für Handelssachen des Landgerichts Felden, zu dessen Bezirk das Amtsgericht Felden ebenso wie die übrigen in der Aufgabe genannten Amtsgerichte gehört. Bei diesem Gericht hatte Selma Bär bereits am 13. Oktober 1916 gegen die Gemeinde Neudorf Klage auf Zahlung des Kaufpreises von 1200 ℳ erhoben.

Mit Schriftsatz vom 24., zugestellt am 27. März 1917 lud der Rechtsanwalt der Gemeinde Neudorf die Firma Selma Bär zur mündlichen Verhandlung über die Rechtmäßigkeit der einstweiligen Verfügung des Amtsgerichts Ludwigsburg vor das Landgericht Felden, Kammer für Handelssachen.

Am 4. April 1917 verwies die Kammer für Handelssachen die Sache an die Kammer für Zivilsachen. Vor dieser wurde am 20. April 1917 verhandelt.

Der Anwalt der Gemeinde Neudorf beantragte die einstweilige Verfügung des Amtsgerichts Ludwigsburg für gerechtfertigt zu erklären und dem Gegner die Kosten aufzuerlegen.

Der Anwalt der Firma Bär beantragte diesen Antrag abzuweisen, die einstweilige Verfügung aufzuheben und dem Gegner die Kosten aufzubürden. Zur Begründung führte er aus:

1. Das Amtsgericht Ludwigsburg hätte die einstweilige Verfügung überhaupt nicht erlassen dürfen, weil von den Parteien das Schiedsverfahren vereinbart war. Wenn

überhaupt eine einstweilige Verfügung zu erlassen war, so sei sie von dem Schiedsgericht zu erlassen gewesen.

2. Die einstweilige Verfügung hätte auch nicht erlassen werden dürfen, weil das Amtsgericht Weinheim mangels jeder Zuständigkeit den Sachverständigen Huber nicht hätte vernehmen dürfen; überdies seien die Voraussetzungen für ein Verfahren zur Sicherung des Beweises nicht vorgelegen; auch hätte das Amtsgericht Ludwigsburg die Aussagen des Sachverständigen Huber nicht verwerten dürfen; die Minderwertigkeit der Kartoffeln und der drohende Verderb seien aber dann nicht glaubhaft gemacht gewesen; zum mindesten hätten nach dem Schiedsvertrag zwei Sachverständige vernommen werden müssen.

3. Durch die angeordnete und durchgeführte Versteigerung sei das Schiedsverfahren unmöglich gemacht und die Sache endgültig entschieden worden, eine einstweilige Verfügung dürfe aber die Sache nur vorläufig entscheiden. Die Gemeinde Neudorf hätte nach §§ 379, 373 HGB. den Selbsthilfeverkauf vornehmen können, weshalb der Antrag auf Anordnung der öffentlichen Versteigerung als unnötig abzuweisen gewesen wäre.

4. Das Gericht der Hauptsache, vor dem über die Rechtmäßigkeit der einstweiligen Verfügung verhandelt werden müsse, sei das Schiedsgericht (§§ 942, 943 ZPO.). Vor dieses hätte die Gemeinde Neudorf laden müssen. Wenn als Gericht der Hauptsache ein staatliches Gericht in Betracht käme, so käme im Hinblick auf den vereinbarten Kaufpreis von 1200 ℳ nur das Landgericht, niemals aber das Amtsgericht Felden in Betracht. Die Gemeinde Neudorf habe es versäumt, den Gegner innerhalb der Frist von drei Monaten vor das Landgericht Felden zu laden, denn die Ladung sei erst am 27. März 1917 erfolgt; ja die Gemeinde habe innerhalb dieser Frist den Gegner nicht einmal vor das Amtsgericht Felden geladen.

Der Anwalt der Gemeinde Neudorf erklärte folgendes:

1. Gericht der Hauptsache sei ein staatliches Gericht und nicht das Schiedsgericht; diesen Standpunkt müsse der

Gegner wohl selbst einnehmen, denn er habe die Kaufpreisforderung beim Landgericht Felden eingeklagt.

2. Gericht der Hauptsache sei im Hinblick auf den vom Amtsgericht Ludwigsburg festgesetzten Streitwert von 600 ℳ das Amtsgericht Felden. Das Landgericht habe deshalb zu prüfen, ob es die Sache nicht an das Amtsgericht zurückweisen müsse.

3. Die Frist von drei Monaten sei selbst dann gewahrt, wenn das Landgericht Felden das Gericht der Hauptsache wäre; die Ladung hätte am 27. März 1917 noch mit Erfolg geschehen können (§ 231 ZPO.).

4. Die Gemeinde Neudorf sei kein Kaufmann.

5. Das Schiedsverfahren stehe dem Erlaß der einstweiligen Verfügung nicht entgegen und könne auch nach Durchführung der öffentlichen Versteigerung noch durchgeführt werden, da die Gemeinde Neudorf einen Sack Kartoffeln als Muster habe und überdies die Aussage des Sachverständigen Huber zur Verfügung stände; das Schiedsverfahren dürfe übrigens gar nicht Platz greifen, da Futterkartoffeln statt Speisekartoffeln geliefert worden seien.

Der Vertreter der Firma Selma Bär stellte noch fest, daß von Selma Bär noch kein Antrag nach § 942 Abs. 3 ZPO. bei dem Amtsgericht Ludwigsburg gestellt worden sei.

Wie hat die Zivil-Kammer zu entscheiden? Ist die Entscheidung ein Urteil oder ein Beschluß? Die Kostenfrage ist dabei außer Betracht zu lassen. Das Vorbringen der Parteivertreter ist zu würdigen.

---

5. Aufgabe.

(Aufgabe mit fünfstündiger Arbeitsfrist).

Die Chemischen Werke Bavaria, Aktiengesellschaft in Laufen*), forderten im Juni 1918 um Bewerbung zur Ausführung einer Wasserkraftanlage auf. Es bewarben

*) Im folgenden als „Bavaria" bezeichnet.

sich die Tiefbaugesellschaft m. b. H. in Augsburg*), die am 20. Juni 1918 durch Umwandlung der Oberbayerischen Baugesellschaft, Aktiengesellschaft, gegründet worden war, und die Firma Kurz & Sohn, offene Handelsgesellschaft in München. Noch ehe die Bavaria ihre Entscheidung getroffen hatte, schlossen die beiden Firmen einen schriftlichen Vertrag dahin, daß diejenige Firma, der die Ausführung der Anlage übertragen werde, der anderen eine Teilstrecke nach Maßgabe des Vertrags mit der Bavaria und eines zwischen ihnen noch besonders zu schließenden Vertrags im Unterakkord zu überlassen habe.

Die Tiefbau erhielt den Zuschlag. Sie übertrug der Firma Kurz & Sohn die Ausführung des Wasserkanals, des Wasserschlosses und des Turbinenhauses. Die Arbeiten wurden von beiden Firmen am 2. August 1918 begonnen.

Am 15. August 1918 akzeptierte die Bavaria einen von der Tiefbau ausgestellten, auf Sicht innerhalb eines Monats an die Zementwerke Türk in Baden oder deren Order zahlbaren Wechsel über 6000 ℳ und erteilte der Tiefbau die Ermächtigung, bei der von vornherein in Aussicht genommenen Prolongation des Wechsels den neuen Wechsel für sie zu akzeptieren und mit der Firma und den Namen der Vorstandsmitglieder der Bavaria zu zeichnen. Der Prolongationswechsel wurde am 15. September 1918 in der gleichen Form wie der frühere Wechsel von der Tiefbau ausgestellt und von dem Geschäftsführer Weiß unter Zustimmung des zweiten Geschäftsführers Schwarz mit der Firma und den Namen der Vorstandsmitglieder der Bavaria als Akzeptanten unterzeichnet und an die Zementwerke Türk ausgehändigt. Die Bavaria hatte in einem am 14. September bei der Tiefbau eingelaufenen Schreiben die Erlaubnis zum Akzepte des Prolongationswechsels widerrufen, was beiden Geschäftsführern nicht bekannt war. Schwarz war erst am 15. September 1918 von einer Reise zurückgekommen.

*) Im folgenden als „Tiefbau" bezeichnet.

über das Vermögen des Weiß war am 12. September 1918 der Konkurs eröffnet worden; er kümmerte sich deshalb, da nach einer Bestimmung des Gesellschaftsvertrags Gemeinschuldner von der Bestellung als Geschäftsführer ausgeschlossen sein sollen, nichts mehr um den Geschäftseinlauf.

Der Wechsel gelangte durch Giro an die Firma Kurz & Sohn und wurde am 14. Oktober 1918 der Bavaria zur Zahlung vorgelegt. Diese verweigerte jedoch unter Hinweis auf ihren Ermächtigungswiderruf die Zahlung. Ein Protest wurde nicht erhoben.

Die Firma Kurz & Sohn hatte am 20. April 1918 bei der Oberbayerischen Baugesellschaft, Aktiengesellschaft, 2000 Säcke Heidelberger Zement, den sie für Heeresbauten benötigte, zum Preise von 5 ℳ für den Sack bestellt und den Kaufpreis bezahlt. Die Lieferung erfolgte am 1. Mai 1918. Nachdem 100 Säcke verarbeitet waren, stellte sich heraus, daß irrtümlich Peissenberger Zement geliefert worden war. Dieser Zement gilt in Fachkreisen als andere Qualität wie der Heidelberger Zement.

Die Firma Kurz & Sohn beanstandete dies alsbald mit eingeschriebenem Brief vom 5. Mai 1918 und verlangte von der Oberbayerischen Baugesellschaft bis zum 15. Mai 1918 Lieferung vertragsmäßiger Ware, widrigenfalls sie Schadensersatz wegen Nichterfüllung verlange; den gelieferten noch nicht verarbeiteten Zement (1900 Sack) stelle sie zur Verfügung. Sie blieb ohne Antwort. Die Angelegenheit geriet schließlich in Vergessenheit, da die Firma Kurz & Sohn die Heeresbauten einstellen mußte und den Zement nicht mehr dringend benötigte.

Im Oktober 1918 stellten sich bei der Weiterführung der Arbeiten an der Wasserkraftanlage der Bavaria Geländeschwierigkeiten heraus, die zur Folge hatten, daß ein geringer Teil des Wasserkanals, das Wasserschloß und das Turbinenhaus um einige 100 Meter verlegt werden mußten. Mit Rücksicht hierauf und auf das fortgesetzte Steigen der Löhne und der Baustoffpreise wurde zwischen der Bavaria und der Tiefbau am 10. November 1918 ein neuer Vertrag unter Erhöhung des früher vereinbarten Werklohns abgeschlossen.

Inzwischen hatte die Firma Kurz & Sohn zur Ausführung anderer Bauten großen Bedarf an Heidelberger Zement (mehr als 2000 Sack), den sie anderweit um den Preis von 7 ℳ für den Sack deckte.

Am 12. November 1918 schrieb die Firma Kurz & Sohn an die Tiefbau, daß sie um Begleichung des Wechsels über 6000 ℳ ersuche, der von dem Geschäftsführer der Tiefbau namens der Bavaria akzeptiert, übrigens auch von ihr ausgestellt sei. Gleichzeitig verlange sie von der Tiefbau als der Rechtsnachfolgerin der Oberbayerischen Baugesellschaft Rückerstattung des dieser für den nicht verarbeiteten Zement geleisteten Kaufpreises (1900 Sack zu je 5 ℳ = 9500 ℳ); sie mache ferner wegen Nichtlieferung des bei der Oberbayerischen Baugesellschaft bestellten Heidelberger Zements 3800 ℳ Schadensersatz (1900 Sack zu je 2 ℳ) geltend, da inzwischen der Zementpreis um 2 ℳ für den Sack in die Höhe gegangen sei.

Die Tiefbau erwiderte am 15. November 1918, sie müsse die Zahlung des Wechsels verweigern. Sie habe den Wechsel nicht akzeptiert; ihr früherer Geschäftsführer Weiß sei wegen der Konkurseröffnung nicht mehr berechtigt gewesen, Erklärungen für die Firma abzugeben, auch sei kein Protest erhoben. Eine Zahlungspflicht, insbesondere ein Schadensersatzanspruch wegen des Zementes werde nicht anerkannt, da ein Vertragsverhältnis zwischen ihr und der Firma Kurz & Sohn hierüber nicht bestehe; übrigens könnte, weil es sich um ein Versehen gehandelt habe, nur Wandelung oder Preisminderung in Frage kommen, wobei jedoch, weil ein Teil des Zementes verbaut worden sei, auch die Wandelung unmöglich sei. Schließlich sehe sie sich veranlaßt, der Firma Kurz & Sohn den Unterakkord zu kündigen, weil infolge der entstandenen Geländeschwierigkeiten das Werk nunmehr ein völlig anderes geworden sei; übrigens sei sie zur Kündigung ohne weiteres berechtigt, weil der Besteller eines Werkes bis zu dessen Vollendung jederzeit kündigen könne.

Zu einer Entschädigung sei sie nicht verpflichtet, weil die Firma Kurz & Sohn ihre Unternehmerkraft bei einer Reihe anderer Bauunternehmungen ausnütze.

Es ist über die in den beiden Briefen vom 12. und 15. November 1918 aufgeworfenen Fragen unter Würdigung des Sachverhalts und des Vorbringens und Gegenvorbringens der Parteien ein Rechtsgutachten zu entwerfen. Tatsächliche Angaben, die nicht bestritten sind, sind als richtig zu unterstellen.

---

6. Aufgabe.

(Aufgabe mit fünfstündiger Arbeitsfrist.)

Am 10. Mai 1917 nachmittags zwischen 5 und 7 Uhr wurde dem Reisenden Franz Rudorfer aus einem Zimmer im Gasthofe zum Rappen in Bogendorf, das er und seine Ehefrau Mathilde vorübergehend bewohnten, ein Barbetrag von 800 *M* entwendet. Inhaltlich der sofort bei der Gendarmerie in Bogendorf erstatteten Anzeige war das Zimmer unversperrt gewesen, ebenso der Schrank und die Kassette, worin das abhanden gekommene Geld aufbewahrt worden war. Nach Mitteilung des Zimmermädchens Marie Scholl wurde der an demselben Tage mit Reparaturarbeiten beschäftigte Schreinergehilfe Johann Kormann von Bogendorf in der Zeit zwischen 5 und 7 Uhr nachmittags vor der Tür des Rudorfer'schen Zimmers stehend gesehen. Kormann stellte die Verübung des Diebstahls in Abrede. Nach Durchführung des Ermittelungsverfahrens erhob der Staatsanwalt beim Landgerichte Bellheim die Anklage gegen ihn wegen eines Vergehens des Diebstahls nach § 242 StGB. zur Strafkammer des genannten Landgerichts; er beantragte die Eröffnung des Hauptverfahrens und gleichzeitig die Überweisung zur Verhandlung und Entscheidung an das Schöffengericht beim Amtsgerichte

Bogendorf. Als Beweismittel waren bezeichnet die Zeugen Franz und Mathilde Rudorfer, Gendarmeriewachtmeister Gebracht und das Zimmermädchen Marie Scholl sowie die Strafliste des Angeschuldigten, die als einzigen Eintrag die am 6. Januar 1913 beim Amtsgerichte Mechelsbach wegen Vergehens des Diebstahls erfolgte Verurteilung zur Gefängnisstrafe von 6 Wochen und den zugehörigen Verbüßungsvermerk enthielt. Die Strafkammer beschloß nach Vortrag des Landgerichtsrates Hellmuth als Berichterstatters gemäß dem Antrage des Staatsanwaltes. Vor dem am 1. August 1917 vor dem Schöffengerichte Bogendorf anstehenden Termin zur Hauptverhandlung beantragten die inzwischen wieder an ihren Wohnsitz zurückgekehrten Zeugen Rudorfer wegen weiter Entfernung ihres Wohnortes (Stettin) vom Sitze des Gerichtes die Vernehmung durch einen ersuchten Richter beim Amtsgerichte Stettin. Der Vorsitzende des Schöffengerichts gab diesem Ersuchen beschlußmäßig statt. Die Vernehmung der beiden Zeugen erfolgte am 15. Juli durch das ersuchte Gericht unter Beobachtung der Vorschriften der §§ 222, 223 RStPO.

In der Hauptverhandlung vom 1. August 1917 stellte der Angeklagte die Tat wieder in Abrede; er habe wohl am 10. Mai im Rappen Reparaturarbeiten vorgenommen und sei auch hierbei in den ersten Stock, nicht aber in das Rudorfer'sche Zimmer gekommen. Zwischen 5 und 7 Uhr nachmittags habe er sich ununterbrochen im sogenannten Kutscherstüberl, das im Erdgeschoß liege, aufgehalten; er behalte sich vor, hierfür noch Zeugen zu benennen. Nach Vernehmung des Zeugen Gebracht und vor Vernehmung der Zeugin Scholl beantragte der Amtsanwalt die Aussagen der beiden Zeugen Rudorfer zu verlesen. Durch sofort verkündeten Beschluß wurde die Verlesung angeordnet. Aus der verlesenen Aussage des Franz Rudorfer ging nunmehr hervor, daß nach der bestimmten Erinnerung des Zeugen der Schrank, worin die Kassette mit dem Gelde aufbewahrt war, doch versperrt gewesen sei und daß die Öffnung des Schrankes mittels eines falschen

Schlüssels oder eines Dietrichs erfolgt sein müsse. Auf Frage des Vorsitzenden nach bereits erlittenen Strafen wegen Vergehen gegen das Eigentum gab der Angeklagte an, daß er lediglich einmal wegen Diebstahls mit einer Freiheitsstrafe, nämlich mit 6 Wochen Gefängnis, bestraft worden sei. Im Jahre 1909 sei er allerdings einmal wegen Diebstahls angeklagt gewesen, aber nur mit einem Verweis belegt worden.

Nunmehr stellte der Amtsanwalt den Antrag, das Schöffengericht möge seine Unzuständigkeit aussprechen und die Sache zur Verhandlung und Entscheidung an die Strafkammer des Landgerichts Bellheim zurückverweisen, da der Angeklagte nach dem bisherigen Ergebnisse der Hauptverhandlung eines Verbrechens des schweren Diebstahls im Rückfalle gemäß §§ 242, 243 Ziffer 3, 244 des StGB. dringend verdächtig sei. Der Angeklagte beteuerte neuerdings seine Unschuld und bat um Freisprechung. Nach geheimer Beratung erließ das Schöffengericht Beschluß gemäß dem Antrage des Amtsanwalts. Der Beschluß entsprach den Erfordernissen des § 270 Abs. II RStPO. Dem Angeklagten wurde darin auch eine Frist von 6 Tagen nach Absatz IV des § 270 gesetzt. Am 5. August 1917 beantragte der Angeklagte schriftlich bei der Staatsanwaltschaft des Landgerichts Bellheim, ihm einen Verteidiger zu bestellen und zur Hauptverhandlung die Fabrikarbeiter Johann Thaller und Joseph Geld in Bogendorf zu laden, die bestätigen könnten, daß er zur Zeit der Verübung des Diebstahls sich ununterbrochen im Kutscherstüberl aufgehalten habe. Der Antrag lief noch am 5. August kurz vor 6 Uhr nachmittags bei der Staatsanwaltschaft ein und gelangte am nächsten Tag in den Einlauf des Landgerichts Bellheim. Mit Verfügung vom 12. August lehnte der Vorsitzende der Strafkammer die Bestellung eines Verteidigers mit der Begründung ab, daß die Voraussetzungen des § 140 RStPO. nicht vorlägen und die Sachlage die Bestellung eines Verteidigers nicht erforderlich mache.

In der Hauptverhandlung vom 13. September 1917, in der sich unter den beisitzenden Richtern auch der frühere

Berichterstatter Landgerichtsrat Hellmuth befand, und zu der außer den Zeugen Gebracht und Scholl auch die Entlastungszeugen Thaller und Geld auf Anordnung des Vorsitzenden geladen worden waren, erklärte der Angeklagte nach den Angaben über seine persönlichen Verhältnisse, daß er den Vorsitzenden wegen Besorgnis der Befangenheit ablehne, die sich aus der Begründung zur Ablehnung der Bestellung eines Verteidigers ergebe. Der Vorsitzende erklärte sich nicht für befangen und verließ das Sitzungszimmer. Der älteste Beisitzer übernahm in der noch übrig bleibenden Besetzung des Gerichts den Vorsitz. Nach Anhörung von Staatsanwalt und Angeklagten und geheimer Beratung erließ die Strafkammer unter mündlicher Bekanntgabe der Gründe Beschluß dahin, daß das Ablehnungsgesuch als unbegründet verworfen werde. Nunmehr trat der Vorsitzende wieder ein und pflog nach Verlesung des Eröffnungsbeschlusses die Vernehmung des Angeklagten, der die Verübung des Diebstahls unter Wiederholung der Behauptung, daß er zwischen 5 und 7 Uhr nachmittags ununterbrochen im Kutscherstüberl gesessen sei, in Abrede stellte. Nach der Vernehmung der Zeugen Gebracht und Scholl wurden nach Antrag des Staatsanwalts unter Zustimmung des Angeklagten und auf Grund verkündeten Gerichtsbeschlusses die Aussagen der beiden vorschriftsmäßig beeideten Zeugen Rudorfer verlesen. Sodann wurde zur Vernehmung der beiden Zeugen Thaller und Geld geschritten, die Wesentliches nicht bekundeten. Der Angeklagte, befragt ob er noch Beweisanträge zu stellen habe, beantragte nunmehr den Schneider Isidor Hagen in Bogendorf zu laden, der gleichfalls am Nachmittage des 10. Mai 1917 im Kutscherstüberl an demselben Tische gesessen sei und ihm jedenfalls bestätigen könne, daß er sich zwischen 5 und 7 Uhr dort aufgehalten habe. Der Staatsanwalt beantragte Ablehnung des Antrags. Nach geheimer Beratung verkündete der Vorsitzende den Beschluß, daß die Ladung des Zeugen abgelehnt werde. In der Begründung wurde gesagt, daß das Gericht unterstelle, daß der genannte Zeuge von der Richtigkeit der in sein Wissen gestellten Tatsache überzeugt sei und daß er diese bei seiner Vernehmung bestätigen würde.

Nachdem der Vorsitzende den Rückfall festgestellt hatte und von keiner Seite weitere Beweisanträge gestellt worden waren, erklärte er die Beweisaufnahme für geschlossen. Nunmehr ersuchte der Staatsanwalt die Verhandlung auf eine Stunde zu unterbrechen und eine andere Sache inzwischen zu verhandeln, weil er ein unaufschiebliches Amtsgeschäft vorzunehmen habe. Der Vorsitzende gab dem Ersuchen statt und es wurde unter gleicher Besetzung des Gerichts, jedoch unter Anwesenheit eines anderen Staatsanwalts, eine weitere Sache verhandelt. Im Anschluß an die Beratung und Abstimmung dieses Falles wurde auch der Fall Kormann zur Beratung und Abstimmung im Beratungszimmer gebracht und der Urteilstenor sofort schriftlich niedergelegt. Während der Verkündung des Urteils in der eingeschobenen Sache fand sich der im Fall Kormann tätig gewesene Staatsanwalt wieder ein und es erhielten, nachdem vom Vorsitzenden erklärt worden war, daß die Sache Kormann fortgesetzt werde, Staatsanwalt und Angeklagter zu ihren Erklärungen und Ausführungen das Wort. Im unmittelbaren Anschluß hieran und, wie das Protokoll ausweist, ohne daß noch eine geheime Beratung des Gerichts gepflogen worden wäre, verkündete der Vorsitzende Urteil dahin, daß der Angeklagte wegen eines Verbrechens des schweren Diebstahls im Rückfalle zur Gefängnisstrafe von einem Jahre sowie zur Tragung der Kosten des Strafverfahrens und der Strafvollstreckung verurteilt werde. In den mündlich bekannt gegebenen Gründen wurde nach Erörterung der Schuldfrage zum Strafmaß ausgeführt, daß dem Angeklagten mildernde Umstände zugebilligt worden seien, und daß die nach § 244 Abs. II StGB. für den schweren Diebstahl im Rückfalle vorgesehene Mindeststrafe von einem Jahr Gefängnis als ausreichende Sühne zu erachten sei.

Am Tage nach der Verkündung des Urteils legte der Angeklagte zu Protokoll des Gerichtsschreibers beim Landgerichte Bellheim Revision gegen das Urteil ein und erklärte gleichzeitig, daß er den Rechtsanwalt Aumüller in Bellheim zum Verteidiger gewählt habe, womit er den Antrag verbinde, diesem die Ausfertigung des Urteils zuzustellen. Der Staatsanwalt verfügte auch die Zustellung an Rechtsanwalt Aumüller, der staatsanwaltschaftliche Sekretär stellte indes dem Angeklagten selbst am 16. September 1917 die Ausfertigung des Urteils zu. Erst am 27. September 1917 erfuhr Rechtsanwalt Aumüller durch den Angeklagten von dieser Zustellung. Er beantragte deshalb am 30. September 1917 bei der Staatsanwaltschaft neuerliche Zustellung des Urteils an ihn. Diesem Antrage wurde durch die am 6. Oktober erfolgte Zustellung entsprochen. Am 10. Oktober 1917 reichte Rechtsanwalt Aumüller persönlich die Rechtfertigungsschrift beim Landgerichte Bellheim ein; eine Vollmacht lag ihr nicht bei.

In der Rechtfertigungsschrift wurden als Verstöße gegen Rechtsnormen über das Verfahren gerügt:

1. der Antrag des Angeklagten, ihm einen Verteidiger zu bestellen, sei zu Unrecht abgewiesen worden;
2. die Strafkammer sei als erkennendes Gericht prozeßwidrig besetzt gewesen, da der Berichterstatter über die Eröffnung des Hauptverfahrens, Landgerichtsrat Hellmuth, als Beisitzer der erkennenden Strafkammer angehört habe;
3. auch bei der Beschlußfassung über das Ablehnungsgesuch des Angeklagten sei die Strafkammer nicht vorschriftsmäßig besetzt gewesen;
4. der vom Angeklagten am Schlusse der Beweisaufnahme gestellte Beweisantrag hätte nicht abgelehnt werden dürfen;
5. die Beratung und Abstimmung habe sichtlich schon vor vollständig durchgeführter Hauptverhandlung stattgefunden, eine weitere Beratung und Abstimmung nach den Schlußvorträgen des Staatsanwalts und des Angeklagten sei aber unterblieben.

1. Ist die Revision zulässig?
2. Sind die Revisionsrügen begründet?

Die Antworten sind unter Angabe der gesetzlichen Bestimmungen zu begründen.

---

7. Aufgabe.

(Aufgabe mit fünfstündiger Arbeitsfrist.)

In der bayerischen Stadt Breiberg bestand ein Konsumverein, eine Genossenschaft mit unbeschränkter Haftpflicht. Zu den Vorstandsmitgliedern gehörte der Gerichtsvollzieher Edmund Maier; der Postassistent Albin Schäfer war ein sehr tätiges Mitglied der Genossenschaft. Anfang 1918 schuldete der Konsumverein dem Gutsbesitzer Max Freudenberg in Breiberg 10000 M. Freudenberg drängte auf Zahlung; dazu war der Konsumverein augenblicklich nicht in der Lage. Schäfer besprach am 9. Februar 1918 die Sache mit dem Kaufmann Wilhelm Scharf in Breiberg. Dieser sagte zu Schäfer, da könne der Gerichtsvollzieher Maier helfen: Maier habe gerade den Auftrag erhalten, bei dem Bauer Joseph Ackermann in Westheim auf einen größeren Geldbetrag Zwangsvollstreckung vorzunehmen. Ackermann werde zweifellos zahlen. Maier solle den Betrag, den er von Ackermann erhalte, der Genossenschaft zur Verfügung stellen, damit Freudenberg wenigstens teilweise befriedigt werden könne; für den Rest werde dieser dann Stundung gewähren. Die Genossenschaft werde bald imstande sein, den vorgeschossenen Betrag zurückzuzahlen. Er selbst kenne den Gerichtsvollzieher zu wenig, um ihm einen solchen Vorschlag zu machen; er habe auch keine Veranlassung dazu; aber Schäfer könne den Maier bestimmen, den Konsumverein aus seiner mißlichen Lage zu befreien. In diesem Sinne schrieb Schäfer noch am gleichen Tage dem Maier; dieser gab aber den Brief mit dem Vermerk zurück, um des Konsumvereines willen lasse er sich nicht einsperren.

Am 11. Februar 1918 begab sich Maier nach Westheim, um im Auftrage des Händlers Isidor Blechschmitt von München für eine vollstreckbare Forderung von 9500 ℳ gegen den Bauer Joseph Ackermann Zwangsvollstreckung vorzunehmen. Ackermann hatte rechtzeitig ein Darlehen von 9500 ℳ aufnehmen können; diesen Betrag händigte er dem Gerichtsvollzieher auf dessen Aufforderung zur Zahlung aus. Schäfer war dem Maier nach Westheim gefolgt und ließ den Maier, bevor dieser ein Protokoll aufgenommen hatte, aus dem Anwesen des Ackermann rufen. Wieder ersuchte er den Gerichtsvollzieher, der Genossenschaft das von Ackermann erhaltene Geld zu leihen; durch das inständige Bitten des Schäfer ließ Maier sich dazu bestimmen und gab dem Schäfer die 9500 ℳ zwecks teilweiser Befriedigung des Freudenberg. Nun kam dem Maier die Angst vor Entdeckung; doch Schäfer beruhigte ihn: Maier solle, um sich und Schäfer vor Strafe zu schützen, dem Blechschmitt mitteilen, daß er 2 Pferde gepfändet und Versteigerungstermin auf einen späteren Zeitpunkt anberaumt habe; sobald der Konsumverein wieder bei guter Kasse sei, werde Blechschmitt sein Geld erhalten und sich dann nicht weiter um die Sache kümmern. Damit der Amtsgerichtsvorstand, falls dieser die Akten prüfe, nichts merke, solle Maier ein Pfändungsprotokoll anfertigen und dieses wieder vernichten, sobald Blechschmitt sein Geld habe. Maier ging in das Ackermann'sche Anwesen zurück. Dort machte er auf ein eigenes Blatt einen Vermerk folgenden Inhalts: „Am 11. II. 1918 Mark 9500 in Sachen Blechschmitt gegen Ackermann bezahlt" und ließ diesen Vermerk von Ackermann unterzeichnen; das Blatt fügte er den Vollstreckungsakten bei. Ein Protokoll über die Zahlung der 9500 ℳ fertigte er nicht an.

Zu Hause verfaßte Maier zufolge der Anregung des Schäfer ein Protokoll, inhaltlich dessen er am 11. Februar 1918 in Westheim bei Ackermann in dessen Gegenwart zu Gunsten der Forderung des Blechschmitt 2 Pferde im Werte von 9000 ℳ gepfändet, die Pfandzeichen angebracht, Gewahrsamserklärung abgegeben und Termin zur Versteigerung auf den 11. März 1918 anberaumt habe; unter dieses Protokoll schrieb er seinen Namen unter Beifügung seiner dienstlichen Eigenschaft und unter Beidrückung des Dienstsiegels; das Protokoll enthielt auch alle sonstigen vorgeschriebenen Förmlichkeiten. Dem Blechschmitt schrieb er, daß er für dessen Forderung 2 Pferde gepfändet habe und diese am 11. März 1918 versteigern werde. Den von Ackermann unterzeichneten Aktenvermerk vernichtete er.

Der Gerichtsvollzieher hat nach seinen Dienstvorschriften ein Dienstregister und ein Gebührenregister zu führen. Das Dienstregister ist dazu bestimmt, eine Übersicht über die dem Gerichtsvollzieher zugegangenen Aufträge, die zur Ausführung der Aufträge vorgenommenen Geschäfte und die auf diese Geschäfte erwachsenen Gebühren und Auslagen zu bieten, das Gebührenregister dazu, jederzeit Aufschluß über die für die Geschäfte des Gerichtsvollziehers berechneten Gebühren und Auslagen, über die wirklichen Einnahmen an solchen Gebühren und Auslagen, über Einnahmerückstände und über den Stand der Vorschüsse zu geben und als Grundlage für die Abrechnung mit der Finanzbehörde zu dienen. In der Spalte 6 des Dienstregisters ist der Tag, an dem zur Ausführung des Auftrags das betreffende Geschäft vorgenommen wurde, in der Spalte 7 das Geschäft, das zur Ausführung des erteilten Auftrags vorgenommen wurde, einzutragen.

Zu dem Auftrag Blechschmitt gegen Ackermann schrieb Maier in die Spalte 6 „11. II. 18" und in die Spalte 7 „Pfändung". Die ganze Sache, zu der Maier sich nur sehr widerwillig herbeigelassen hatte, hatte ihn aber derart aufgeregt, daß er auf den Eintrag ins Gebührenregister vergaß.

Am 26. Februar 1918 hatte der Gerichtsvollzieher von dem Unterhändler Jakob Schmächtig in Breiberg den Auftrag erhalten, für einen Betrag von 20 ℳ gegen den in einer weitentlegenen Ortschaft des Amtsbezirks wohnhaften Schuldner mit Zwangsvollstreckung vorzugehen. Maier trug vorschriftsgemäß den Auftrag, den Tag der Auftragserteilung, den Auftragsgeber und den Auftragsgegner in das Dienstregister ein, unterließ aber wegen der weiten Entfernung und des schlechten Wetters jede Amtshandlung. Bevor er am 1. März 1918 das Februarheft des Dienstregisters — dieses wird für ein Geschäftsjahr angelegt, zerfällt aber in Hefte, von denen jedes für 1 Monat bestimmt ist — samt den Akten wie vorgeschrieben dem Amtsgerichtsvorstande vorlegte, schrieb er in die für Bemerkungen bestimmte Spalte 22 „Irriger Vortrag".

Anfang März verfügte der Konsumverein wieder über größere Geldmittel; daraus erhielt Maier von Schäfer 9500 ℳ mit der Weisung, dieses Geld zur Befriedigung des Blechschmitt zu verwenden; Maier sagte zu. Aber bevor er dazu kam, wurde er zu dem Amtsgerichtsvorstande mit dem Bemerken gerufen, Blechschmitt, dem Ackermann geschrieben hatte, er habe gezahlt, sei da, Maier solle mit den Akten kommen. Nun entschloß sich Maier zu flüchten und das Geld mitzunehmen. Als er zu Hause sich umkleidete, wurde er festgenommen.

Wie ist der obige Sachverhalt in objektiver und subjektiver Richtung strafrechtlich zu beurteilen?

Die Antwort ist unter Angabe der gesetzlichen Bestimmungen kurz zu begründen.

---

8. Aufgabe.

(Aufgabe mit fünfstündiger Arbeitsfrist.)

Der am 15. Juni 1877 geborene preußische Staatsangehörige Erich Mayer schloß im Jahr 1898 in Petersburg mit der bayerischen Staatsangehörigen Anna Schön rechtsgültig die Ehe. Anfangs 1899 verließ er heimlich seine Frau. Diese gebar am 10. Oktober 1899 ein aus der

Ehe stammendes Mädchen, das den Vornamen Olga erhielt, bei einem Onkel in Riga aufgezogen wurde und rechtmäßig dessen Familiennamen Lieb annahm.

Im Frühjahr 1917 kam die Olga Lieb nach Berlin, um sich dort in der Musik auszubilden. Sie lernte den Mayer kennen, der seit langem als Rentner in Berlin wohnte, und verlobte sich mit ihm. Beide hatten von dem Verwandtschaftsverhältnis zwischen ihnen keine Ahnung. Dem Mayer kam zwar der Gedanke, daß seine Frau noch leben könne. Er redete sich aber ein, es sei wohl ausgeschlossen, daß er mit ihr noch einmal zusammentreffe.

Im September 1917 kaufte er in der bayerischen Landgemeinde Zeitfeld ein Landhaus und nahm dort seinen Wohnsitz. Die Beschaffung der Verehelichungspapiere für Olga Lieb stieß wegen des Krieges auf Schwierigkeiten. Nun war Mayer im Jahre 1916 mit einem Fräulein Ida Gutmann von Berlin verlobt gewesen. Die Gutmann war wenige Tage vor der Hochzeit gestorben. Mayer besaß die Verehelichungspapiere für sie. Er verabredete deshalb mit Olga Lieb, daß sie sich als die Ida Gutmann ausgebe und unter deren Namen mit ihm die Ehe eingehe.

Der Bürgermeister und Standesbeamte von Zeitfeld überläßt die Vorbereitung der standesamtlichen Geschäfte dem 54 Jahre alten ordnungsgemäß eidlich verpflichteten Gemeindeschreiber Gottfried Kurz. Am 1. November 1917 beantragte Mayer beim Standesamt Zeitfeld mündlich das Aufgebot und die Eheschließung. Er übergab die erforderlichen Urkunden, die auf ihn als ledigen Rentner und auf Ida Gutmann als seine angebliche Braut lauteten. Als der Standesbeamte sich schon entfernt hatte, schenkte Mayer dem Kurz zehn Reichskassenscheine zu je 10 ℳ, damit Kurz alles gut erledige. Kurz bemerkte, was dem Mayer entgangen war, daß einer der Scheine falsch sei, und machte Mayer darauf aufmerksam. Dieser gab ihm darauf einen anderen echten Schein, überließ ihm aber auch den falschen Schein, weil Kurz darum bat und meinte, er werde schon Gelegenheit zur Verwertung des Scheines finden.

Tags darauf nahm Kurz aus der von ihm zu führenden Handkasse, worin er die bei ihm eingehenden standesamtlichen Gebühren verwahrte und für den Gemeindekassier bereit hielt, 10 ℳ in Silber und legte dafür den falschen Reichskassenschein ein. Schon am nächsten Tage bereute er aber den Schritt und vertauschte den falschen Schein, bevor er einer anderen Person zu Gesicht gekommen war, gegen einen echten.

Am 1. Dezember 1917 fand vor dem Standesamt Zeitfeld in gesetzmäßiger Form die Eheschließung des Mayer und der Lieb statt. Die Lieb, die in Zeitfeld nur unter dem Namen Gutmann bekannt war, wurde im Heiratsregister unter diesem Namen und mit den Personalien der Gutmann eingetragen und unterzeichnete die Heiratsurkunde mit „Ida Mayer, geborene Gutmann". Einen Ehevertrag schlossen die Ehegatten nicht.

Am 15. August 1918 erhielt die junge Frau von ihrer in Dorpat wohnenden Mutter, der sie ihre Verehelichung mitgeteilt hatte, einen Brief, worin unwiderlegbar dargelegt war, daß ihr Mann mit dem treulosen Mann ihrer Mutter personengleich sei. Sie zeigte den Brief sofort ihrem Mann und erklärte ihm, daß sie am nächsten Tage das Haus verlasse.

Sie übersiedelte in die benachbarte Stadt Tagfurt und bezog dort das obere Stockwerk eines kleinen Hauses. Weitere Wohnungen befanden sich darin nicht. Im Erdgeschoß hatte der auswärts wohnende Schreiner Adam Tischler seine Werkstätte. Am 1. September 1918 schickte Frau Mayer die 31jährige Schneidersfrau Anna Schuster, die täglich vormittags einige Stunden bei ihr häusliche Arbeiten verrichtete, nach Zeitfeld, um bei ihrem Manne Wäsche für sie zu holen und dabei aus dem im Zimmer ihres Mannes stehenden verschlossenen Schreibtisch eine Brieftasche, in der ihr Mann sein Papiergeld aufbewahrte, mitzunehmen und ihr zu bringen. Sie gab der Schuster einen Schlüssel zu dem Schreibtisch, den sie sich vor einigen Monaten heimlich angeeignet hatte, und erzählte der Schuster, wie sie zu dem Schlüssel gekommen war, und daß ihr Mann in der Meinung, den Schlüssel verloren zu haben, sich einen neuen anfertigen ließ. Anna Schuster sperrte dann auch, während Erich Mayer in dem ein Stockwerk höher gelegenen Schlafzimmer die verlangte Wäsche zusammenpackte, mit dem erhaltenen Schlüssel die Schublade des Schreibtisches auf und steckte die Brieftasche in ihren Handkorb. Die Brieftasche nebst Inhalt gab sie der Frau Mayer.

Am 1. November 1918 schrieb Frau Mayer ihrem Mann, sie beabsichtige die Klage auf Nichtigkeitserklärung ihrer Ehe zu erheben. Um sie aus dem Wege zu räumen, suchte Erich Mayer am 3. November 1918 seinen früheren Diener, den 26jährigen Karl Lang auf und versprach ihm 5000 ℳ, wenn er in der folgenden Nacht das von Frau Mayer bewohnte Haus in Brand setze. Wahrheitswidrig sagte er dem Lang, durch den Brand sollten nur einige ihm lästige Urkunden vernichtet werden, persönliche Gefahr für seine Frau entstehe nicht, weil sie auf einige Tage verreist sei. Daß sonst niemand in dem Hause wohnte und Tischler um 7 Uhr abends zu arbeiten aufhörte, war dem Lang bekannt. Lang erklärte sich zu der Tat bereit. Über die Art der Ausführung wurde nichts gesprochen. Lang bohrte in ein Stück Holz ein Loch, füllte es mit Schießpulver und brachte daran eine Zündvorrichtung und ein Uhrwerk an. Dieses stellte er so, daß das Pulver nachts 2 Uhr zur Entzündung kommen sollte. Abends 6 Uhr schlich er sich in das Haus und legte das Holzstück in eine mit Hobelspänen gefüllte Kiste unter einer hölzernen Treppe. Als nun Tischler um ½7 Uhr die Kiste nahm, um sie im Keller auszuleeren, entzündete sich die Ladung. Das Uhrwerk wurde durch die Explosion an den Kopf des Tischler geschleudert und tötete ihn. Das Haus geriet in Flammen und brannte teilweise ab. Frau Mayer konnte aber mittels einer Leiter durch ein Fenster gerettet werden.

Welcher strafbaren Handlungen haben sich die genannten Personen schuldig gemacht? Die Antwort ist unter Angabe der gesetzlichen Vorschriften kurz zu begründen.

---

9. Aufgabe.

(Aufgabe mit neunstündiger Arbeitsfrist.)

Die Firma Anders und Burckhardt in Felden reichte am 1. Juni 1918 bei der Zivilkammer des Landgerichts Felden durch ihren Prozeßbevollmächtigten, den Rechtsanwalt Justizrat Lang in Felden, gegen die Rentnerswitwe Luise Bergh, geborene van Landeren, in Gruben Klage mit dem Antrag ein, die Beklagte zur Zahlung von 6941,88 ℳ samt Zinsen zu sechs vom Hundert seit 26. März 1917 zu verurteilen.

Die Klageschrift enthält folgende Begründung des Antrags: Die Klägerin habe mit der Firma Walter Arnold in Gruben in der Weise in Geschäftsverbindung gestanden, daß sie ihr Waren gegen Akzept lieferte, das Ausführungsrecht von Gebrauchsmustern gegen Zahlung von Lizenzgebühren übertrug, auch wohl mit baren Darlehen gegen wechselmäßige Verpflichtung aushalf. Laut des in Abschrift beigefügten, notariell beglaubigten Bürgschaftsscheins vom 2. Oktober 1912 habe die Beklagte, deren einziges Kind Irene seit mehreren Jahren an Walter Arnold, den Alleininhaber der Firma verheiratet ist, als Selbstschuldnerin die Ausfallbürgschaft für alle aus dem vorerwähnten Geschäftsverkehre bestehenden und entstehenden Verbindlichkeiten bis zur Höhe von 60000 ℳ übernommen. Die Firma Walter Arnold habe ihre Zahlungen eingestellt und sich, wie aus dem abschriftlich beigefügten Übereinkommen hervorgehe, mit ihren Gläubigern dahin geeinigt, daß diese 10 % ihrer Forderungen erhalten und den Rest erlassen. Die Klägerin erleide demnach einen Ausfall von 90 %. Indem sie sich ihre weitergehenden Ansprüche vorbehalte, nehme sie die Beklagte zunächst für den Ausfall in Anspruch, der ihr aus der Nichteinlösung des abschriftlich beigefügten, auf eine Summe von 7713,20 ℳ für den 26. März 1917 lautenden Akzepts entstand. Die Firma Walter Arnold habe die Akkordsumme bezahlt und zwar die erste Hälfte eine Woche, die zweite zwei Monate nach der Abschließung des Vergleichs, nachdem ihr auf ein vor der Fälligkeit gestelltes Gesuch Ausstand von einem Monate gewährt worden war.

Die der Klageschrift in Abschrift beigefügten Urkunden lauten folgendermaßen:

1. Bürgschaftsschein.

Die Firma Anders und Burckhardt in Felden steht mit der Firma Walter Arnold in Gruben in Geschäftsverbindung. Für alle aus diesem Verkehre bestehenden und noch entstehenden Verbindlichkeiten übernehme ich hiermit bis zum Betrage von 60000 ℳ — sechzigtausend Mark — die Ausfallbürgschaft als Selbstschuldnerin.

Gruben, den 2. Oktober 1912.

(gez.) Luise van Landeren, verwitwete Bergh.

2. Primawechsel.

per 26. März auf Linden. Felden, den 26. Januar 1917.

Angenommen. Walter Arnold.

Für 7713,20 ℳ. Am 26. März 1917 zahlen Sie für diesen Primawechsel an uns die Summa von 7713,20 ℳ — siebentausendsiebenhundertdreizehn Mark zwanzig Pfennig.

An Walter Arnold in Gruben.

Anders und Burckhardt. frei von Haftung.

Zahlbar bei der Reichsbanknebenstelle in Linden.

Rückseite.

Wechselstempel.

Für uns an die Ordre der Reichsbank. Wert erhalten.

Felden, Anders und Burckhardt.

3. Übereinkommen.

a) Felden, den 18. April 1917.

Unter der Voraussetzung, daß die Feldener Kreditbank in Felden von den als Wechselforderung bekannt gegebenen 200000 ℳ die Hälfte streicht, und an ihrem Anteile nur mit 100000 ℳ beteiligt bleibt, was eine Auszahlung von 10 % in bar ermöglicht, erklären sich die Unterzeichneten mit einer Zahlung von 10 % in bar einverstanden.

Unterschriften von zehn Gläubigern,
darunter Anders und Burckhardt.

b) Felden, den 25. April 1917.

Die Feldener Kreditbank erklärt sich für den Fall eines außergerichtlichen Vergleichs bereit, nur 100000 ℳ Forderung geltend zu machen. Es treten darnach folgende Firmen dem nachgenannten Vergleiche bei.

An die Gläubiger gelangen 10 % der Forderungen zur baren Auszahlung und zwar zur Hälfte sofort, zur anderen Hälfte einen Monat von der Abschließung dieses Vergleichs an.

Unterschriften von Anders und Burckhardt
und weiteren vierzehn Gläubigern.

Durch Separatunterschrift treten bei:

Unterschriften von sechs Gläubigern.

Die Beklagte, der die Klage am 4. Juni 1918 ordnungsmäßig zugestellt wurde, ließ durch ihren Prozeßbevollmächtigten, den Rechtsanwalt Kurz in Felden, die Klage mit dem Antrag auf Abweisung beantworten.

Bei der am 25. November 1918 gepflogenen mündlichen Verhandlung vor der Zivilkammer des Landgerichts Felden verlasen die Prozeßbevollmächtigten ihre Anträge aus den Schriftsätzen. Der Prozeßbevollmächtigte der Klägerin trug den Inhalt der Klageschrift vor und setzte folgendes hinzu.

Die Annahme, daß der im Wege des außergerichtlichen Akkords vor sich gehende Erlaß der Hauptschuld auch das Erlöschen der Bürgschaftsverbindlichkeit nach sich ziehe, ist mit den gesetzlichen Bestimmungen selbst dann unvereinbar, wenn man in der von der Beklagten am 2. Oktober 1912 eingegangenen Verpflichtung nur eine gewöhnliche Bürgschaft im Sinne des § 767 BGB. erblicken will. Die Bürgschaft bezweckt die Sicherung des Gläubigers gegen Gefahren, die sich aus der mangelnden Leistungsfähigkeit des Hauptschuldners ergeben. Nun kann sich ja an sich der Bürge auf einen dem Hauptschuldner von dem Gläubiger gewährten Erlaß berufen; aber diese Befugnis muß wegfallen, wenn der Erlaß die Folge der Leistungsunfähigkeit des Hauptschuldners ist und der Gläubiger durch den Erlaßvertrag alles bekommt, was überhaupt von dem Schuldner zu erlangen ist. Dieser Rechtsgedanke ergibt sich unmittelbar aus dem Wesen der Bürgschaft; er hat zu der gesetzlichen Vorschrift geführt, daß die Rechte des Gläubigers gegen Mitschuldner und Bürgen des Gemeinschuldners durch den Zwangsvergleich nicht berührt werden, und muß naturgemäß auch bei einem außergerichtlichen Akkorde zur Anwendung gelangen. Ein solches Abkommen zwischen dem Gläubiger und dem Hauptschuldner kann auch für den Bürgen bei fortdauernder Bürgschaft vorteilhaft sein, weil der Bürge, wenn kein Vergleich zustande kommt und der Hauptschuldner leistungsunfähig ist, von dem Gläubiger auf Bezahlung der ganzen verbürgten Schuld belangt werden kann. Diese Auffassung muß jedenfalls da als zutreffend erachtet werden, wo, wie hier, der Akkord im Einverständnisse mit der Bürgin geschlossen wurde. Durch ihr Einverständnis hat die Bürgin auf die ihr aus dem Erlaßvertrag erwachsenen Rechte und Einwendungen verzichtet. Der Verzicht der Beklagten auf die Geltendmachung des Erlasses ist aber auch aus der Fassung der Bürgschaftsurkunde selbst herzuleiten. Darnach liegt nicht eine Bürgschaft im gewöhnlichen Sinne vor, sondern eine Ausfallbürgschaft. Der Ausfallbürge haftet für das, was der Gläubiger bei Anwendung der gehörigen Sorgfalt bei dem Hauptschuldner nicht zu erlangen imstande ist. Die Beklagte vermöchte sich also auf den von der Klägerin erklärten Schulderlaß zu ihren Gunsten nur dann zu berufen, wenn die Klägerin von der Firma Walter Arnold mehr hätte erlangen können, als sie in der Tat bekommen hat. Das wird nicht behauptet werden wollen. Dazu kommt, daß sich die Beklagte als Selbstschuldnerin verbürgt hat; darin liegt zweifellos eine Steigerung der Haftung.

Der Prozeßbevollmächtigte der Beklagten erwiderte: Der Schulderlaß tilgt die Hauptschuld. Warum soll der Bürge den Schaden davon haben, daß der Gläubiger bei einem außergerichtlichen Akkorde nur die Vergleichsquote beitreiben kann? Eine entsprechende Anwendung der für den Zwangsvergleich gegebenen Vorschriften kann nicht platzgreifen. Zwangsvergleich und außergerichtlicher Akkord werden von ganz verschiedenen Rechtsgrundsätzen beherrscht. Die Vorschrift, daß der Bürge die dem Hauptschuldner zustehenden Einreden geltend machen kann, ist zwingenden Rechtes. Die Ausnahmen von diesem Rechtsgrundsatze sind im Gesetz angegeben; die Bestimmung über den Zwangsvergleich ist eine solche Ausnahme. Auf die Fassung der Bürgschaftsurkunde kann sich die Klägerin nicht berufen. Die Bürgin haftet nach dem unzweideutigen Wortlaute der Urkunde zwar für den Ausfall oder Schaden der Gläubigerin; aber auch die Ausfallbürgschaft ist eine Bürgschaft, die den §§ 767, 768 BGB. unterliegt. Dem Gläubiger, der mit dem Hauptschuldner einen Erlaßvertrag vereinbart und nicht gleichzeitig mit dem Bürgen übereinkommt, daß dieser sich nicht auf den Schulderlaß berufen dürfe, kann deshalb auch von dem Ausfallbürgen der Einwand des Schulderlasses entgegengesetzt werden und zwar ohne Rücksicht darauf, aus welchen Gründen der Erlaß vereinbart wurde und ob das Vorhandensein eines Ausfalls auf die Anwendung oder Außerachtlassung der gebotenen Sorgfalt zurückzuführen ist. Daß in der Urkunde von selbstschuldnerischer Bürgschaft die Rede ist, steht allerdings mit der Erklärung, als Ausfallbürge haften zu wollen, in einem gewissen Widerspruch. Ich glaube, daß sich die Beklagte, vielleicht die Beteiligten überhaupt, der Tragweite des Ausdrucks nicht bewußt waren. Daß in dem Ausdruck eine Steigerung der Haftung liegt, kann nicht angenommen werden; ja es ist fraglich, ob nicht der Gebrauch der beiden Ausdrücke Ausfallbürgschaft und Haftung als Selbstschuldnerin in der Urkunde der Gültigkeit und Wirksamkeit der bürgschaftlichen Verpflichtung überhaupt entgegensteht.

Demgegenüber führte der Prozeßbevollmächtigte der Klägerin aus: Die Vorschrift, daß der Bürge die dem Hauptschuldner zustehenden Einreden geltend machen kann, ist nicht zwingenden Rechtes. Durch eine Vereinbarung zwischen Gläubiger und Bürgen kann ihr die Geltung entzogen werden. Die Geltung kann auch dadurch ausgeschlossen sein, daß nach der Verkehrsanschauung der beteiligten Handelskreise als Wille der Parteien anzusehen ist, daß der Bürge auch in dem Falle des Beitritts des Gläubigers zu einem außergerichtlichen Vergleiche des Hauptschuldners als selbstschuldnerischer Bürge weiter haften soll. Dies trifft hier zu. Eine derartige Regelung entspricht auch allein dem wirtschaftlichen Bedürfnisse. Darin, daß die Beklagte eine Ausfallbürgschaft übernommen und sich zugleich als Selbstschuldnerin verbürgt hat, mag auf den ersten Blick ein Widerspruch gefunden werden; in Wirklichkeit liegt darin aber nichts Absonderliches. Damit, daß sich ein Ausfallbürge als Selbstschuldner verpflichtet, bringt er nur zum Ausdrucke, daß er auf die Einrede der Vorausklage, die ihm begriffsmäßig zusteht, auch noch ausdrücklich verzichtet. Jedenfalls ist in der Übernahme einer selbstschuldnerischen Ausfallbürgschaft kein Widerspruch von der Art zu finden, daß Zweifel an der Gültigkeit und Wirksamkeit der Bürgschaftsverbindlichkeit begründet wären. Es müßte dann das Versprechen selbstschuldnerischer Haftung, in dem ich aber nach wie vor einen allgemeinen Verzicht des Bürgen auf die ihm zustehenden Einreden und namentlich auf die Einrede des Erlasses erkenne und behaupte, hinter dem übrigen Inhalte der Urkunde zurücktreten und es bliebe, was das entscheidende ist, die Haftung der Beklagten für den von der Klägerin bei Walter Arnold unbestrittenermaßen erlittenen Ausfall übrig. Mehr verlangt auch die Klägerin schließlich von der Beklagten nicht. Der Ausfallbürge hat dem Gläubiger für den Betrag aufzukommen, der von dem Hauptschuldner nicht zu erlangen ist. Dabei macht es keinen Unterschied, ob der Gläubiger bei der Betreibung der Zwangsvollstreckung Nachteil erleidet oder ob er sich mit Rücksicht auf die Vermögenslage des Schuldners genötigt sieht, diesem Zugeständnisse zu machen, um wenigstens einen Teil der Forderung zu retten. Nur ist letzterenfalls von dem Gläubiger der Nachweis zu verlangen, daß er auch im Wege der Ausklagung und Zwangsvollstreckung einen höheren Betrag als den durch den außergerichtlichen Vergleich erlangten nicht hätte erlangen können. Diesen Beweis erbiete ich mich durch Zeugen und Sachverständige zu führen. Wären die Gläubiger der Firma Walter Arnold mit Klage und Zwangsvollstreckung vorgegangen, so hätten sie keine 10 % zu erlangen vermocht; bei dem alsdann mit Sicherheit eingetretenen Konkursverfahren wären alle nicht bevorrechtigten Gläubiger wohl gänzlich leer ausgegangen.

Auf eine Frage des Vorsitzenden bemerkte der Prozeßbevollmächtigte der Beklagten, es werde zugegeben, daß es die nicht bevorrechtigten Gläubiger ohne die Eingehung des außergerichtlichen Vergleichs zu keinen 10 % ihrer Forderungen gebracht hätten.

Hierauf trug der Prozeßbevollmächtigte der Klägerin nachstehendes vor: In der Verhandlung vom 25. April 1917, in der die Gläubiger den Akkord mit 10 % bewilligten, ging es sehr lebhaft zu. Außer den Vertretern einer Reihe von Gläubigern, unter denen sich auch ein Prokurist der Klägerin befand, waren der Firmeninhaber Walter Arnold, dessen mit ihm in Gütertrennung lebende Frau und die Beklagte anwesend. Als man zu der Frage kam, wie die zur Befriedigung der Gläubiger nötigen 10 % zu beschaffen seien, wandte sich ein Gläubiger an

Frau Arnold, sie solle doch von ihrer reichen Mitgift etwas hergeben. Frau Arnold vermochte längere Zeit nicht zu einem Entschlusse zu kommen. Verschiedene Gläubiger wurden wegen der Verzögerung unwillig. Einer derselben äußerte, bei solchen Anlässen wie einem derartig günstigen Vergleichsangebote müßten eben die Familienmitglieder etwas tun, um dem notleidenden Geschäft aufzuhelfen; wofür gebe es denn Bürgschaften und Hypotheken. Als mehrere Gläubiger sich zum Gehen anschickten und Walter Arnold seiner Frau dringend anlag, ihm noch diesmal zu helfen, sagte die Beklagte zu ihrer Tochter, es sei ja richtig, daß manches dafür spreche, die Sache laufen zu lassen, wenn es aber gar nicht anders gehe, könne man auch nicht so sein. Daraufhin erklärte sich Frau Arnold bereit, die ihr angesonnene Bürgschaft für pünktliche Entrichtung der ersten Akkordrate zu übernehmen. Als die Gläubiger das Übereinkommen und Frau Arnold ihren Bürgschaftsschein unterzeichnet hatten, sagte der Prokurist der Klägerin zu der Beklagten, ihre verständige Auffassung von der Sache sei alles Dankes wert, worauf die Beklagte entgegnete: „in Gottes Namen helfen wir ihm noch einmal, damit der Vergleich gut hinausgeht und alles bei Ehren bleibt; im übrigen werde ich schon darüber wachen, daß die Gläubiger nicht auch diesmal wieder eine Enttäuschung erfahren". Daß die Beklagte mit dem Vergleich einverstanden war, geht auch daraus hervor, daß die zweite Vergleichsrate zu dem größten Teile von der Beklagten aufgebracht worden ist.

Im Auftrage der Klägerin muß ich nun aber auf einen Umstand zu sprechen kommen, der geeignet ist, die ganze Sache auf einen anderen Boden zu stellen. Bei der Abschließung des Vergleichs vom 25. April 1917 sind Unregelmäßigkeiten vorgekommen, die seiner Wirksamkeit im Wege stehen. Ich bezeichne den außergerichtlichen Vergleich als nichtig. Meine Auftraggeberin hat sich durch die Angaben des Firmeninhabers Walter Arnold in der Verhandlung vom 18. April 1917, in der er die Aktiven und Passiven seiner Firma bekannt gab, bestimmen lassen, auf den Akkord einzugehen. Sie gab sich der — übrigens selbstverständlichen — Annahme hin, daß sich Walter Arnold bei der Darstellung der Vermögensverhältnisse und bei der Aufzählung der Gläubiger mit Rücksicht auf das in Aussicht stehende große Entgegenkommen besonderer Genauigkeit befleißigen werde und daß die sämtlichen Gläubiger bei dem Akkorde gleiche Behandlung erfahren werden, ist aber in dieser Annahme von Walter Arnold und mehreren mit ihm einverstandenen Gläubigern gründlich getäuscht worden. Die Unregelmäßigkeiten, die den Akkord als unwirksam erscheinen lassen, sind zahlreich und zum Teil grob. Zwei der durch Separatunterschrift beigetretenen Gläubiger haben mehr als 10 % ihrer Forderungen erhalten: der eine Gläubiger hat seine volle Forderung zu 5000 ℳ gedeckt bekommen, da er mit dem Antrag auf Eröffnung des Konkursverfahrens drohte, der andere hat auf die gleiche Drohung hin 20 % seiner 20000 ℳ betragenden Forderung erhalten. Ein dritter Gläubiger, der sich anfangs zum Beitritte bereit erklärt hatte, hat kurz vor dem 25. April 1917 abgeschrieben und seither nichts mehr von sich hören lassen, sodaß er jederzeit mit seiner Forderung zu 2000 ℳ hervortreten kann. Auch die Offenlegung der Vermögensverhältnisse der Firma Walter Arnold ist nicht mit der nötigen Genauigkeit erfolgt. Walter Arnold hat eines von ihm angestrengten, damals in der Berufungsinstanz schwebenden Rechtsstreits nicht erwähnt, der eine Schadensersatzforderung von 25000 ℳ zum Gegenstande hatte. Der Rechtsstreit ist allerdings später durch das Reichsgericht zu ungunsten der Firma Walter Arnold entschieden worden. Auch hat Walter Arnold bei den Gläubigerversammlungen zwei Schuldposten von je 20000 ℳ nicht namhaft gemacht, die anscheinend aus Geschäften oder Vorgängen herrühren, deren er sich zu schämen hätte. Ich fechte deshalb den Vergleich wegen der meiner Auftraggeberin widerfahrenen arglistigen Täuschung an und behaupte mit Rücksicht auf § 142 BGB., daß er von Anfang an als nichtig anzusehen ist. Von der arglistigen Täuschung und ihrem hierdurch hervorgerufenen Irrtume hat die Firma Anders & Burckhardt erst vor wenigen Tagen dadurch sichere Kenntnis erlangt, daß ihr ein früherer Angestellter der Firma Walter Arnold den Hergang mitteilte. Ist aber der Vergleich vom 25. April 1917 nichtig, so kann meine Auftraggeberin die von der Firma Walter Arnold geschuldeten 7713,20 ℳ in vollem Betrage geltend machen. Die bereits gezahlten 10 % rechne ich als Teilzahlung an; den Rest, also die mit der Klage bereits verfolgten 6941,88 ℳ, verlange ich von der Bürgin auf Grund der von dieser in selbstschuldnerischer Weise übernommenen Ausfallbürgschaft. Daß ein Ausfall vorhanden ist, wird nicht geleugnet werden können, auch wenn der Schulderlaß unwirksam ist; das Vorhandensein eines Ausfalls ergibt sich aus den Vorgängen, die sich vor und nach der Abschließung des Akkords abgespielt haben; die erste Akkordrate ist von Frau Arnold, die zweite zum größten Teile von der Beklagten selbst aufgebracht worden. Eine Ausklagung der Firma Walter Arnold und eine ziffernmäßige Feststellung des Ausfalls im Wege des Rechtsstreits ist nicht erforderlich, eben weil die Beklagte als Selbstschuldnerin haftet.

Der Prozeßbevollmächtigte der Beklagten erwiderte: Wie der Gegner aus dem von ihm erzählten Vorgang in der Gläubigerversammlung vom 25. April 1917 ein Einverständnis meiner Vollmachtgeberin mit dem Akkord in dem Sinn ableiten will, daß hieraus auf einen Verzicht auf die ihr aus dem Schulderlasse zustehenden Rechte und Einwendungen geschlossen werden könnte, ist unerfindlich. Das Vorbringen selbst ist in den wesentlichen Punkten richtig. Ein Einverständnis meiner Partei mit dem Akkord als solchem ist in keiner Weise zum Ausdrucke gelangt, ein Verzicht meiner Partei auf die ihr zustehenden Einwendungen niemals ausgesprochen, eine Erklärung, für die zum Teil erlassene Forderung forthaften zu wollen, von meiner Partei niemals abgegeben worden. Einer solchen Erklärung würde es übrigens, da sie der Schriftform entbehrte, an der rechtlichen Wirksamkeit mangeln.

Daß sich die Beklagte im Juni 1917 auf vielfaches Drängen ihres Schwiegersohns dazu herbeiließ, die Regelung der zweiten Vergleichsrate in die Hand zu nehmen, ist für die Frage, ob sie auf die ihr aus dem Schulderlaß erwachsenen Rechte und Einwendungen Verzicht geleistet hat oder nicht, ohne Belang. Eher wäre zu sagen, daß sich die Beklagte um so leichter an der Beschaffung der Mittel zur Entrichtung der zweiten Vergleichsrate beteiligen konnte, als sie durch den Schulderlaß von ihrer bürgschaftlichen Haftung frei wurde. Den Enthüllungen, die der Gegner über das Zustandekommen des Akkords gebracht hat, kann ich leider einen tatsächlichen Widerspruch nicht entgegensetzen, bin aber der Anschauung, daß die angeführten Vorkommnisse nicht imstande sind, die Unwirksamkeit des durch Zahlung von 85000 ℳ tatsächlich zur Ausführung gebrachten Akkords zu begründen. Ich will es dahingestellt sein lassen, ob in dem Verhalten Walter Arnolds eine arglistige Täuschung zu erblicken ist; jedenfalls ist die von der Gegnerin erklärte Anfechtung nicht geeignet, den Rechten und Befugnissen meiner Auftraggeberin Abbruch zu tun.

Hat die Klägerin die Gültigkeit des Akkords vom 25. April 1917 angegriffen, so muß ich nun meinerseits das Vorhandensein eines Anspruchs der Klägerin aus dem Grunde bestreiten, weil der Bestand der von ihr geltend gemachten Forderung erheblichen Bedenken unterliegt, und zwar sowohl was den Wechselanspruch als auch das dem Wechsel zugrunde liegende Rechtsverhältnis anlangt. Ein Anspruch aus dem Wechsel ist von Anfang an gegen die Firma Walter Arnold nicht vorhanden gewesen. Denn der Unterschrift der Klägerin als Ausstellerin war, als der angebliche, an eigene Order gezogene Wechsel an die Firma Walter Arnold zum Akzept geschickt wurde, der Vermerk beigesetzt: „frei von Haftung". Der Wechsel ist also nichtig. Das dem Wechsel zugrunde liegende Rechtsgeschäft aber entbehrt gleichfalls der rechtlichen Wirksamkeit. Die Wechselsumme setzt sich zusammen aus einer Reihe von Lizenzgebühren, welche die Firma Walter Arnold der Klägerin aus einem im Dezember 1913 für die Jahre 1914 und 1915 geschlossenen Lizenzvertrag über ein unter bestimmter Nummer mit dem Titel „Lagerfaß für Bier mit kegelförmigem Mantel" eingetragenes Gebrauchsmuster schuldig geworden sein soll, dessen alleinige Ausführung die Klägerin der Firma Walter Arnold gegen eine bestimmte Gebühr für den Hektoliter Fassungsraum auf die Dauer der genannten zwei Jahre übertragen hat. Das Gebrauchsmuster ist, weil nicht neu, im Juli 1917 für ungültig erklärt worden. Die Firma Walter Arnold ist daher zur Zahlung von Lizenzgebühren für die Überlassung des ungültigen Gebrauchsmusters nicht verpflichtet. Sollte die Nichtigkeit des Lizenzvertrags nicht ohne weiteres anerkannt werden, so unterliegt dieser Vertrag jedenfalls der Anfechtung. Denn die Firma Walter Arnold hätte ihn bei Kenntnis der Sachlage und verständiger Würdigung des Falles sicher nicht geschlossen. Warum Walter Arnold, der die Kraftloserklärung des Gebrauchsmusters noch im Juli 1917 erfahren hat, den Lizenzvertrag nicht angefochten hat, ist meiner Vollmachtgeberin nicht bekannt. Es kommt auch nicht darauf an. Sie ficht nun den erwähnten Vertrag selbst an und bemerkt, daß sie von dem Anfechtungsgrund erst gestern Kenntnis erhalten hat, als sie sich mit ihrem Schwiegersohne noch des näheren über einzelne tatsächliche und rechtliche Grundlagen des gegenwärtigen Rechtsstreits benahm. Die Beklagte, deren Anfechtungserklärung ich zur Kenntnis zu nehmen bitte, verweigert also mit Recht die Befriedigung der Klägerin.

Demgegenüber führte der Prozeßbevollmächtigte der Klägerin folgendes aus: Der Wechsel ist trotz des Beisatzes als gültig zu erachten. Wer den Beisatz gemacht hat, konnte die Klägerin nicht in Erfahrung bringen. Die Firmenteilhaber und die Prokuristen stellen in Abrede, die sinnlose Bemerkung auf den Wechsel gesetzt zu haben. Die Sache kann übrigens auf sich beruhen. Die Klägerin hat den Wechsel eingelöst und den Beisatz durchgestrichen. Warum sie also ihre Ansprüche gegen die Akzeptantin nicht soll geltend machen können, ist nicht abzusehen.

Bei der zweifellosen Gültigkeit des Wechsels brauchte ich mich über das dem Wechsel zugrunde liegende Rechtsverhältnis gar nicht auszusprechen. Vorsorglich will ich bemerken, daß die Gegnerin die Gültigkeit des Lizenzvertrags ohne Rechtsgrund bemängelt. Die Kraftloserklärung des Gebrauchsmusters hat damit, ob die Klägerin von der Firma Walter Arnold für die Jahre 1914 und 1915 die Lizenzgebühren fordern kann, nichts zu tun.

Auf Grund von Vorgängen, die sich in dem Laufe dieses Sommers ereigneten, bin ich veranlaßt, die Klage zu erweitern. Ich verlese, indem ich die Geltendmachung weiterer Ansprüche in Hauptsache und Zinsen vorbehalte, aus meinem dem Gegner und dem Gericht am 8. November 1918 zugestellten Schriftsatze den Antrag, die Beklagte zur Zahlung von 7941,88 ℳ samt 6 % Zinsen aus 6941,88 ℳ seit dem 27. März 1917 und samt 5 % Zinsen aus 1000 ℳ seit dem 8. November 1918 zu verurteilen. Außer dem Bürgschaftsscheine vom 2. Oktober 1912 liegt nämlich eine weitere Bürgschaftsurkunde der Beklagten vom 14. August 1918 vor, laut deren die Beklagte, wie aus der dem Schriftsatze beigefügten Abschrift hervorgeht, zu gunsten eines von der Klägerin der Firma Walter Arnold am 14. August 1918 auf drei Monate gegebenen, zunächst durch Ware gedeckten Darlehens von 1000 ℳ „für den eventuellen Ausfall zur Schadloshaltung der Firma Anders & Burckhardt die selbstschuldnerische Bürgschaft" übernommen hat. Die Klägerin hat der Firma Walter Arnold mit einem Darlehen von 1000 ℳ ausgeholfen, sich von ihr aber einen Posten von Brauereiartikeln, die in dem Lagerhause der Speditionsfirma Gebr. Wolff in Felden untergebracht waren, verpfänden lassen und in zweiter Linie die bürgschaftliche Haftung der Beklagten ausbedungen. Der Ausdruck „selbstschuldnerisch" in dem Bürgschaftsscheine vom 14. August 1918 ist weder versehentlich noch in einer die Gültigkeit der bürgschaftlichen Verpflichtung in Frage stellenden Weise gebraucht. Der Sinn der Urkunde ist der, daß das Eintreten der Bürgin ohne weiteres dann stattzufinden hat, wenn die dingliche

Sicherheit aus irgend einem Grunde wegfällt. Dies trifft hier zu; denn die Pfandgegenstände sind bei einem Brande des Güterschuppens, in dem sie lagerten, zugrunde gegangen.

Der Prozeßbevollmächtigte der Beklagten verlas aus einem alsdann dem Gerichte behändigten Schriftsatze den Antrag, die Klage zu dem ganzen Betrage von 7941,88 ℳ samt Zinsen abzuweisen. Er führte aus: Das tatsächliche Vorbringen des Gegners verhält sich zwar in Richtigkeit, ich vermag aber die Schlüssigkeit nicht anzuerkennen. Die Klage auf Zahlung der 1000 ℳ ist, mag man auch in der selbstschuldnerischen Ausfallbürgschaft keinen unlösbaren Widerspruch erblicken, jedenfalls verfrüht. Die Bürgschaft ist ganz allgemein als Ausfallbürgschaft übernommen. Der Begriff der Ausfallbürgschaft steht fest. Daß die Bürgin wegen des Unterganges des Pfandes sofort zahlen soll, ist willkürlich. Die Worte „zur Schadloshaltung" sind nicht umsonst in die Urkunde aufgenommen; die Beklagte hat nur dafür einzustehen, daß die Klägerin keinen Schaden erleidet. Ein Schaden geht ihr aber nicht zu, wenn sie, wie sehr wahrscheinlich ist, aus dem Versicherungsbetrage der Pfandsachen zu 2500 ℳ Befriedigung erlangt. Allerdings ist über die Zahlung der Versicherungssumme zwischen der Firma Walter Arnold und der Versicherungsgesellschaft ein Rechtsstreit anhängig, der am 21. Dezember 1918 vor der Zivilkammer des Landgerichts Felden zur Verhandlung kommt. Das Vorhandensein eines Schadens ist also noch keineswegs klargestellt und, solange ein Ausfall nicht feststeht, ein Anspruch gegen die Bürgin nicht gegeben. Die Klägerin muß sich zunächst an die Firma Walter Arnold halten, die trotz ihrer schlimmen Lage schließlich noch für 1000 ℳ gut sein wird. Dem Worte „selbstschuldnerisch" in der Urkunde vom 14. August 1918 kommt eine selbständige Bedeutung nicht zu. Seine Aufnahme in die erst während des gegenwärtigen Rechtsstreits errichtete Urkunde wird, wenn nicht doch nur ein Versehen unterlaufen ist, auf Rechnung einer eigentümlichen Rechtsauffassung der Firma Walter Arnold, von der die Fassung der Urkunden vom 2. Oktober 1912 und 14.

August 1918 ausgeht, zu setzen sein. Jedenfalls ist die Zinsenforderung der Klägerin ungerechtfertigt. Zinsen können erst von heute ab verlangt werden.

Der dem Schriftsatze der Klägerin in Abschrift beigefügte Bürgschaftsschein lautet:

> Für die von der Firma Anders & Burckhardt in Felden auf die bei Gebr. Wolff in Felden lagernde, der Firma Walter Arnold in Gruben gehörende Ware eingezahlte Summe von 1000 ℳ samt Zinsen übernehme ich für eventuellen Ausfall zur Schadloshaltung der Firma Anders & Burckhardt die selbstschuldnerische Bürgschaft.
>
> Gruben, den 14. August 1918.
>
> (gez.) Luise van Landeren, verwitwete Bergh.

Der Prozeßbevollmächtigte der Klägerin erklärte, sich auf weitere Rechtsausführungen nicht einlassen zu wollen, und fügte bei, daß er nicht imstande sei, irgendwelche weitere in seinem Vortrage nicht schon berührte tatsächliche Umstände, die in Ansehung der den Akkord betreffenden Vorgänge für die Auslegung des Parteiwillens in Betracht kämen, anzuführen. Der gegnerische Anwalt schloß sich dieser Erklärung an.

Der Vorsitzende schloß die mündliche Verhandlung und beraumte zur Verkündung einer Entscheidung Termin auf den 11. Dezember 1918 an.

Die auf Grund der geschilderten mündlichen Verhandlung von dem Landgerichte zu erlassende Entscheidung ist nach Maßgabe der Zivilprozeßordnung zu entwerfen. In den Entscheidungsgründen sind die gesamten, in den Parteivorträgen geltend gemachten rechtlichen Gesichtspunkte zu würdigen, auch wenn sie an sich durch die getroffene Entscheidung gegenstandslos geworden sind. Auf kriegsrechtliche Normen ist keine Rücksicht zu nehmen. Die Darstellung des Tatbestandes hat zu unterbleiben. Die Kostentragungspflicht ist außer Betracht zu lassen.

Zweite Abteilung.

1. Aufgabe.

(Arbeitsfrist 5 Stunden.)

I.

Der Reichs- und Landtagsabgeordnete Alois Huber, Brauereibesitzer in X., Bayer. Bezirksamt Y., ist am 21. März 1917 gestorben. Um das hierdurch erledigte Reichstagsmandat traten 3 Bewerber auf. Bei der am 6. Juli 1917 stattgehabten Wahl erhielten die 3 Bewerber folgende nach der Entscheidung der Wahlvorstände gültige Stimmen:

7200 Rechtskonsulent Wilhelm Meier in Y. (Angehöriger der A-Partei),

7100 Schuhmachermeister Friedrich Müller in X. (Angehöriger der B-Partei),

6800 Landwirt Joseph Weber in Z. (Angehöriger der C-Partei).

Schon am Tage nach der Wahl und nachdem der zum Wahlkommissär bestellte Bezirksamtmann von Y. bereits telegraphisch das Wahlergebnis, insbesondere, daß Stichwahl zwischen Meier und Müller vorzunehmen sei, dem Staatsministerium des Innern angezeigt hatte, kamen ihm Zweifel, ob Meier überhaupt deutscher Staatsangehöriger sei. Dieser war nämlich, was der Bezirksamtmann erst am Tage der Wahl erfuhr, der Sohn eines lange Jahre in Italien ansässig gewesenen Kaufmanns und selbst in Italien geboren.

Am Tage nach der Wahl wurde übrigens von einer Anzahl Wählern beim Bezirksamte Y. zu Protokoll erklärt, daß von den auf Meier lautenden Stimmen 180 ungültig seien, da die betreffenden Wahlumschläge von etwas hellerer Farbe als alle übrigen gewesen seien und außerdem noch samt und sonders einen zweiten Stimmzettel, lautend auf „Alois Huber, Brauereibesitzer in X.“, enthalten hätten. Der Wahlvorstand hatte sich dagegen auf den Standpunkt gestellt, daß die Wahlumschläge schon um deswillen nicht beanstandet werden könnten, weil sie von der Regierung herausgeschickt worden seien. Anlangend aber die auf Alois Huber lautenden Wahlzettel, so seien diese als nicht vorhanden anzusehen, da Alois Huber nicht mehr lebe und dessen gleichnamiger am 21. Mai 1893 geborener Sohn und Besitznachfolger nicht gemeint sein könne.

Die Angelegenheit der erwähnten 180 Wahlumschläge und der doppelten Stimmzettel wurde tatsächlich dahin aufgeklärt, daß die Wahlumschläge von der letzten Wahl übrig geblieben und mit allen anderen unverwendeten d. h. nicht zur Stimmenabgabe benützten Umschlägen an die Regierung geschickt worden waren, nachdem sie zuvor abgezählt und in Schachteln verpackt worden waren. Auf den Schachteln war die Zahl der darin befindlichen Umschläge genau angegeben.

Daß in den Wahlumschlägen sich schon Zettel, auf Alois Huber lautend, befanden, wurde darauf zurückgeführt, daß bei der großen Beliebtheit des früheren Abgeordneten Alois Huber dieser ohne Gegenkandidaten gewählt worden und es daher damals nicht selten vorgekommen sei, daß verschiedene mit der Verteilung der Umschläge betraute Gemeindediener aus Bequemlichkeit für viele Wähler, die es so wünschten, um auf alle Fälle einen sauberen Wahlzettel abgeben zu können, in die Umschläge schon die auf Alois Huber lautenden Stimmzettel gelegt hatten.

Bezüglich der Staatsangehörigkeit des Rechtskonsulenten Meier wurde festgestellt, daß dieser der Sohn des ursprünglich in München beheimateten Kaufmannes Georg Meier ist, welcher am 1. April 1872 nach Italien übersiedelte, vom 1. Januar 1873 bis 1. Januar 1880 in einer italienischen Stadt die Stelle eines deutschen Wahlkonsuls inne hatte und am 1. Oktober 1882 wieder nach Bayern zurückkehrte, ohne zuvor die italienische oder eine andere fremde Staatsangehörigkeit erworben zu haben. Besondere

Schritte wegen Erhaltung der deutschen Staatsangehörigkeit hatte er nicht getan, da er dies als Konsul nicht nötig zu haben glaubte und er auch baldigst wieder nach Bayern zurückkehren wollte, um seinem am 1. Mai 1876 geborenen Sohne Wilhelm eine deutsche Ausbildung angedeihen zu lassen. Wilhelm Meier war zu diesem Zwecke auch bereits seit 1. März 1882 bei Verwandten in München untergebracht.

Rechtskonsulent Meier erklärte, als er zur Sache befragt wurde, daß er sich immer als Bayer betrachtet habe und als solcher auch behandelt worden sei, und zwar erst im vorausgegangenen Jahr, in dem er auf Grund erfolgter Wahl zum Mitglied des Landrates von O. in diese Körperschaft bei ihrer letzten Tagung von der Regierung einberufen worden sei. Angesichts dieser rechtskräftigen Anerkennung seiner Staatsangehörigkeit könne ein weiterer Zweifel nicht mehr zugelassen werden.

Dem gegenüber wurde von gegnerischer Seite betont, daß die Zugehörigkeit zum Landrate mit gegenwärtiger Angelegenheit nur insofern etwas zu tun habe, als Rechtskonsulent Meier auf alle Fälle nicht zugleich Abgeordneter und Landrat sein könne, worauf Meier erwiderte, daß er nicht gesonnen sei, auf seine Zugehörigkeit zum Landrate zu verzichten.

Wie hatte sich zunächst der Bezirksamtmann von Y. in seiner Eigenschaft als Wahlkommissär in der Sache zu verhalten?

Wie waren die einzelnen Streitpunkte zu beurteilen und welche Instanzen waren zur Entscheidung berufen?

Wie hatte insbesondere die Entscheidung über die Staatsangehörigkeit des Vaters Georg Meier und des Sohnes Wilhelm Meier auszufallen?

II.

Angenommen, es habe am 17. Juli 1917 eine Stichwahl stattgefunden, so möge sich dabei folgendes ereignet haben, was von 5 wahlberechtigten Angehörigen der in der Stichwahl unterlegenen Partei zum Gegenstand einer Wahlanfechtung gemacht wurde:

1. Der Wahlvorstand im Wahlbezirke M. habe aus 10 Personen bestanden, was gesetzwidrig sei. Der Wahlvorsteher Friedrich Vogel sei als Reallehrer der aus Kreisfonds unterhaltenen Realschule in M. nicht fähig gewesen, die von ihm wahrgenommene Funktion auszuüben. Unter den Beisitzern habe sich der Privatmann Georg Schneider in M. befunden, der wegen Verschwendung im Jahre 1916 entmündigt worden sei, dann der Gastwirt Hans Engel in M., über dessen Gastwirtschaft die Geschäftsaufsicht zur Abwendung des Konkurses angeordnet worden sei, und endlich der Landwirt Adolf Schmitt in M., der als Landsturmmann eingezogen sei und sich zur Zeit der Wahl beurlaubt in M. befunden habe.

Mit Rücksicht hierauf sei die Wahl im Wahlbezirke M. ungültig, zumal die Genannten auch das Wahlrecht unbefugt ausgeübt hätten.

2. Im Wahlbezirke N. habe weder der Wahlvorsteher noch sein Stellvertreter die Wahlhandlung um 7 Uhr nachmittags geschlossen, da beide sich schon vorher mit der Begründung entfernt hätten, daß bereits alle Wahlberechtigten ihr Wahlrecht ausgeübt hätten; daher habe lediglich der Schriftführer um 7 1/4 Uhr nachmittags nach Feststellung des Wahlergebnisses die Wahlakten zusammengepackt und den Wahlraum abgesperrt. Da zudem in der Zeit von 2 Uhr bis 4 Uhr nachmittags außer dem Schriftführer nur zwei Beisitzer gegenwärtig gewesen seien, so sei das ganze Wahlgeschäft im Wahlbezirke N. als nichtig zu erachten.

3. Im Wahlbezirke O. habe die Wahl statt um 10 Uhr erst um 10 1/2 Uhr vormittags begonnen, weil ein vollzähliger Wahlvorstand nicht gebildet werden konnte. Im Unmut über diese Verzögerung seien zahlreiche wahlbereite Wähler wieder abgezogen und hätten sich alsdann der Wahl ganz enthalten. Auch sei dort Wahlvorsteher der Kreiswanderlehrer Christoph Heidner gewesen, was als unzulässig die Ungültigkeit des Wahlgeschäftes im Wahl-

bezirk O. zur Folge habe. Dies um so mehr, als unter den fünf Beisitzern sich noch der katholische Pfarrer in O., der Beigeordnete von O., der in O. stationierte Gendarm Nikolaus Huber und der Eichmeister Peter Nibler in O. befunden hätten und als der fünfte Beisitzer, Schmiedmeister Johann Schmelz in O., wegen sehr starker Schwerhörigkeit kaum als vollgültiger Beisitzer zu betrachten sei.

Wie sind — vorausgesetzt, daß das tatsächliche Vorbringen richtig ist — die einzelnen Beschwerdepunkte rechtlich zu beurteilen?

---

2. Aufgabe.

(Arbeitsfrist 5 Stunden.)

Für eine der nächsten Sitzungen des Bischöflichen Ordinariates A im rechtsrheinischen Bayern ist die Beratung und Beschlußfassung über folgenden Gegenstand in Aussicht genommen:

In der zur Diözese gehörenden unmittelbaren Stadt B befinden sich 4 katholische Pfarreien, die seit dem 1. Januar lfd. Js. mit der an den Stadtbezirk anstoßenden Pfarrei C, Bezirksamts B, zu einer katholischen Gesamtkirchengemeinde mit allgemeiner Umlagengemeinschaft vereinigt sind.

In diesen sämtlichen 5 Pfarreien bestehen „Stolordnungen", die teilweise veraltet, teilweise voneinander sehr verschieden sind; auch liegen Klagen vor über unberechtigte Gebührenforderungen von Inhabern weltlicher Kirchendienste. In der Gesamtkirchenverwaltung wurden diese Verhältnisse von der Mehrheit der weltlichen Mitglieder beanstandet und als Voraussetzung für die von der Pfarrgeistlichkeit gewünschte Ablösung der niedersten Stolgebührenklasse die Herbeiführung einer übereinstimmenden Regelung des Stolgebührenwesens innerhalb der Gesamt-Kirchengemeinde B gefordert.

Die geistlichen Mitglieder, die die Berechtigung dieses Verlangens nicht in Abrede stellen konnten, sagten die baldige Vorlage des Entwurfes einer solchen Neuregelung zu.

Nach kurzer Zeit wurde auch durch den Dienstältesten der 5 Pfarrer der in Aussicht gestellte Entwurf ausgearbeitet, zunächst durch die Pfarrer selbst durchberaten und von ihnen fast unverändert angenommen. Die gesamte Hilfsgeistlichkeit erklärte ihr Einverständnis mit der beabsichtigten Neuordnung. Auch die Inhaber der weltlichen Kirchendienste, die alle bis auf einen, nämlich den mit dem Schuldienste verbundenen Chorregenten- und Organistendienst in der Pfarrei C, selbständige Kirchendienste sind, waren zwar mit der Höhe der für sie vorgesehenen Gebührensätze einverstanden; sie widersprachen jedoch einer Vereinnahmung auch ihrer Gebühren durch die Pfarrämter, indem sie einen verwaltungsrechtlich anerkannten Anspruch auf deren selbständige Geltendmachung behaupteten; die Stellung eines Antrages im Sinne des Art. 89 Abs. VII der Kirchengemeindeordnung lehnten sie ab. Der Stadtmagistrat B und die Gemeindeverwaltung C begrüßten die Neuregelung, die auch von der Gesamtkirchenverwaltung einstimmig angenommen wurde.

Der geistliche Vorstand der Gesamtkirchenverwaltung brachte den Entwurf daraufhin dem Bischöflichen Ordinariat in Vorlage und verband damit die Bitte um seine oberhirtliche Prüfung und soweit veranlaßt Genehmigung, sowie um Weisung über seine etwa erforderliche Ergänzung oder sonstige weitere Behandlung.

Der Wortlaut des Entwurfes, soweit er hierher einschlägig ist, ist aus der Anlage ersichtlich.

Über den Gegenstand ist ein Gutachten zu fertigen; hierbei sind vorzüglich folgende Fragen zu würdigen:

1. Auf welche Rechtsvorschriften können die „Allgemeinen Bestimmungen" Abschnitt I des Entwurfes der „Gebührenordnung" und die Gebühren überhaupt oder gewisse Gebührengruppen gegründet werden, die in dem Abschnitte II dieser „Gebührenordnung" und in deren „Anhang für angegebene Gottesdienste" vorgesehen sind?

2. Welche (staatlichen, kirchlichen, kirchengemeindlichen usw.) Organe sind zur Ausstellung, dann zur Prüfung

und zur Genehmigung des ganzen Entwurfes oder seiner Teile zuständig?

3. Wie ist hiernach der Widerspruch der Inhaber der weltlichen Kirchendienste und besonders auch des Inhabers des vereinigten Schul- und Kirchendienstes in C zu beurteilen und unter welchen Voraussetzungen kann die Bestimmung des § 5 Abs. III der „Allgemeinen Bestimmungen" des Entwurfs aufrecht erhalten werden?

4. Wie wären die Fragen 1 und 2 zu beantworten, wenn die Gesamtkirchengemeinde sich am Bischofssitze befände, wenn ferner eine der 4 Pfarreien mit der bischöflichen Domkirche verbunden wäre, und wenn weiterhin eine Dompfarrkirchenstiftung mit ortskirchenstiftungsrechtlicher Eigenschaft nicht bestünde; in der Dompfarrei auch kein kirchengemeindliches Vermögen, vielmehr nur das Domkirchenstiftungsgut unter der Verwaltung des bischöflichen Domkapitels vorhanden wäre?

5. Auf welchem Wege sind die Gebühren der „Gebührenordnung" und ihres Anhangs geltend zu machen? Gelten dafür im Falle der Ziffer 4 dieselben oder andere Bestimmungen?

6. Wie wäre die Frage 2 zu beantworten, wenn es sich um protestantische Pfarreien und um eine protestantische Gesamtkirchengemeinde handeln würde?

(Eine Stellungnahme zur Höhe der einzelnen Gebührensätze kommt nicht in Frage).

Anlage.

Gebührenordnung der zur katholischen Gesamtkirchengemeinde B vereinigten katholischen Pfarreien in B und C.

I. Allgemeine Bestimmungen.

§ 1.

Die bisherigen Stolordnungen der einzelnen katholischen Pfarreien der Gesamtkirchengemeinde B werden aufgehoben und durch folgende Vorschriften ersetzt.

§ 2.

I. Das Verlangen einer kirchlichen Feierlichkeit bei der Taufe, bei der Trauung oder bei Sterbefällen ist beim zuständigen Pfarramte geltend zu machen.

II. Die Feierlichkeiten bei der Taufe in der Kirche finden nur in einer Klasse statt; auf Haustaufen besteht, abgesehen von Nottaufen, kein Anspruch.

III. Die kirchlichen Feierlichkeiten bei Trauungen und bei Sterbefällen finden in verschiedenen Klassen statt, deren äußere Gestaltung entsprechend abgestuft ist.

§ 3.

. . . .

§ 4.

I. Die vorgesehenen Gebühren werden nach Maßgabe der erbetenen kirchlichen Feierlichkeit (Klasse) nur insoweit fällig, als die für die gewählte Feierlichkeit (Klasse) vorgesehenen einzelnen Leistungen auch wirklich vollzogen werden.

II. . . . .

§ 5.

I. Über die sämtlichen, jeweils fällig gewordenen Gebühren ist vom Pfarramte derjenigen Person, die die kirchliche Feier verlangte, eine Rechnung zuzustellen, in der die betätigten Leistungen und die dafür vorgesehenen Gebühren einzeln aufzuzählen sind.

II. Die berechneten Gebühren werden beim Pfarramte gegen Quittung vereinnahmt.

III. Die selbständige Vereinnahmung von Gebühren im Sinne dieser Vorschriften durch andere beteiligte Personen ist verboten.

§ 6.

I. Über die Einnahmen an Gebühren und über ihre Hinauszahlung an die einzelnen empfangsberechtigten Personen wird von jedem Pfarramt eine Aufschreibung geführt.

II. Die Anteile der weltlichen Kirchendiener an diesen Gebühren sind in den betreffenden Kirchenstiftungsrechnungen durchzuführen.

II. Verzeichnis der kirchlichen Feierlichkeiten bei Taufen, Trauungen und Sterbefällen und der dafür in Betracht kommenden Gebühren.

	Pfarrgeistlichkeit	Kirche	Weltlicher Kirchendienst									Bemerkungen
			Mesnerdienst				Chordienst					
		Paramente, Geräte, Wachs usw.	Mesner	Ministr.	Kirchendiener	Arbeitsleistungen	Chorregent	Organist	Chorsänger	Orgel (Kirche)	Kalkant	
	ℳ	ℳ	ℳ	ℳ	ℳ	ℳ	ℳ	ℳ	ℳ	ℳ	ℳ	
A Taufen:												
in der Kirche . .	1,50	0,50	1,20	—	—	0,20	—	—	—	—	—	
Haustaufe ohne Notfall . . .	6,00	2,00	3,00	—	—	0,50	—	—	—	—	—	
B. Trauungen:												
1. Klasse	12,00	4,00	3,00	2,00	—	3,00	—	—	—	—	—	
2. Klasse	6,00	3,00	2,00	1,50	—	2,00	—	—	—	—	—	
3. Klasse	3,00	1,00	1,00	1,00	—	1,00	—	—	—	—	—	
Auf besonderes Verlangen:												
Trauungsmesse. .	4,00	0,50	—	1,—	—	0,50	—	—	—	—	—	
Orgelspiel dazu: .	—	—	—	—	—	—	—	6,00	—	1,00	1,00	Soweit elektr. Antrieb eingerichtet ist, nur die Hälfte
Wie vor und beim Einzug und Weggang	—	—	—	—	—	—	—	8,00	—	1,20	1,20	

C Sterbefälle:	Offiziator	2 Leviten	1 Zeremoniar	4 Assistenten												
I. von Kindern .	—	—	—	—												
II. von Erwachsenen																
1. Klasse																
Beisetzung . .	7,00	8,00	4,00	16,00	10,00	4,50	6,00	—	2,00	—	—	—	—	—		
Beerdigung*) .	12,00	10,00	5,00	40,00	15,00	5,00	10,00	—	4,00	8,00	—	16,00	—	—		
Gottesdienst . . .	20,00	15,00	7,50	Vigil 12,00	20,00	6,00	10,00	5,00**)	6,00	11,00	6,00	32,00	2,00	1,50	Wie oben	
2. Klasse . . .	—															
3. Klasse . . .	—															
4. Klasse . . .	—															
Beisetzung . / Beerdigung*)	5,00	—	—	—	1,00	2,00	1,00	—	—	—	—	—	—	—		
Auf besonderes Verlangen:																
Gottesdienst . . .	2,00	—	—	—	0,10	0,20	0,20	—	—	—	—	—	—	—		

*) Für alle bei der Beerdigung beteiligten Priester und weltlichen Kirchendiener auch Ersatz der Trambahnfahrt nach und von dem gemeindlichen Friedhofe.

**) Aufführen der Trauerleute.

Instrumentalmusik nach besonderer Vereinbarung mit dem Pfarramte; ebenso Pflanzenschmuck der Tumba.

Anhang für angegebene Gottesdienste.

	Geistlichkeit			Kirche	Mesnerdienst		Chordienst					Bemerkungen
	Zelebrant	Leviten	Zeremoniar		Mesner und Ministranten	Arbeitsleistungen	Chorregent	Organist	Chorsänger	Orgel (Kirche)	Kalkant	
	ℳ	ℳ	ℳ	ℳ	ℳ	ℳ	ℳ	ℳ	ℳ	ℳ	ℳ	
Heilige Messe . . .	1,50	—	—	0,50	0,50	0,20	—	—	—	—	—	
Heiliges Amt . .	3,00	—	—	1,00	2,00	0,50	6,00	3,00	4= 8,00	2,00	1,50	Soweit elektrischer Antrieb eingerichtet ist, nur die Hälfte
Engelamt	4,00	—	—	3,00	3,00	1,00	6,00	3,00	8=16,00	2,00	1,50	
Levitiertes Amt . .	5,00	3,00	1,50	4,00	3,50	1,50	6,00	3,00	8=16,00	2,00	1,50	
Requiem mit Libera	4,00	—	—	3,00	3,00	1,00	6,00	3,00	8=16,00	2,00	1,50	
Levitiertes Requiem mit Libera . .	6,00	4,00	2,00	5,00	5,00	1,50	6,00	3,00	12=24,00	2,00	1,50	

Instrumentalmusik nach besonderer Vereinbarung mit dem Kirchenvorstande.

3. Aufgabe.

(Arbeitsfrist 5 Stunden.)

Die Firma Franz Huber in Altstadt hatte im Jahre 1900 bei dem zuständigen Bezirksamt Altstadt um die baupolizeiliche Genehmigung zur Erbauung der von ihr geplanten Fabrikanlage zur Herstellung von Azetylengasapparaten und anderen Blecherzeugnissen auf dem Grundstück Pl.-Nr. 4 der Ortsflur Schönthal, Gemeinde Neudorf, nachgesucht und sie durch Beschluß des Bezirksamts vom 1. Mai 1900 unter Vorbehalt der gewerbepolizeilichen Würdigung erhalten. In gewerbepolizeilicher Hinsicht bestanden darüber, ob eine nach § 16 GewO. genehmigungspflichtige Anlage in Frage komme, zwischen dem Unternehmer, der die Genehmigungspflicht bestritt, und dem den entgegengesetzten Standpunkt einnehmenden Bezirksamt längere Zeit Meinungsverschiedenheiten, die zur Erholung eines Gutachtens des Gewerbeaufsichtsbeamten führten. Dieser äußerte sich nach Einsichtnahme von der Betriebsart und den Betriebseinrichtungen des inzwischen ausgeführten Unternehmens dahin, daß das Werk als eine Fabrik zur Herstellung von Azetylengasapparaten anzusehen sei. Es bestehe aus geräumigen Werkstätten, in denen aus Zink und Eisenblech solche Apparate fabrikmäßig hergestellt würden; die zur Bearbeitung nötigen Drehbänke, Bohr- und Stanzmaschinen treibe eine Dampfmaschine an. Dieser Betrieb könne darnach nicht unter § 16 GewO. fallen. Was die Erzeugung des Azetylengases zum Zweck der Beleuchtung sämtlicher Werkstätten, sowie der täglichen Prüfung der fertiggestellten Beleuchtungsapparate anlange, so werde die Firma demnächst einen Plan zur Erbauung eines besonderen Gebäudes hiefür einreichen. Dieser Betrieb dürfte als eine nach § 16 GewO. genehmigungspflichtige Anlage anzusehen sein, da in ihm fabrikmäßig Azetylengas erzeugt werde. Der in vorstehendem Sinn verständigte Firmeninhaber sei damit einverstanden, daß die Gasanstalt als Anlage gemäß § 16 a. a. O. behandelt werde.

Unter Mitteilung dieses Gutachtens eröffnete hierauf das Bezirksamt der Firma Huber, daß ihre Fabrikanlage insoferne einer gewerbepolizeilichen Genehmigung bedürfe, als in dem geplanten eigenen Apparathause Azetylengas fabrikmäßig hergestellt werde, und daß deshalb Plan und Beschreibung hiervon einzureichen seien.

Die Firma suchte nunmehr um die gewerbepolizeiliche Genehmigung ihrer Fabrikanlage unter Beigabe von Plänen und Beschreibung nach. In der letzteren war ausgeführt, daß der Geschäftsbetrieb in der Hauptsache Apparate für Azetylenbeleuchtung, Fahrradlaternen, sowie Metall- und Blechwaren aller Art umfasse, ferner daß wie in allen derartigen Fabriken auch genietet werde und mit der Metallbearbeitung natürlich eine Schmiede und Schlosserei verbunden sei, sowie daß später auch Federhämmer aufgestellt werden dürften. Nach vorschriftsmäßiger Bekanntmachung des Unternehmens erhob der Grundstücksnachbar Aubold rechtzeitig hiegegen Einspruch, da durch die zu erwartende starke Lärmentwicklung der ganzen Anlage und die Gefahr einer leichten Explosion der Gaserzeugungsanstalt sein anstoßendes Hausgrundstück sehr stark geschädigt und im Werte vermindert werde. In der mündlichen Verhandlung vor dem Bezirksamt beantragte Aubold unter Aufrechterhaltung seines Einspruchs die Abweisung des Gesuchs, während Franz Huber die Einwendungen Aubolds als unbegründet bezeichnete und um die Genehmigung der Anlage bat.

Durch Beschluß des Bezirksamts Altstadt vom 2. Okt. 1900 wurde der Firma Franz Huber unter Zurückweisung der von Aubold erhobenen Einwendungen die gewerbepolizeiliche Genehmigung zur Anlage einer Azetylengasbereitungsanstalt auf dem Grundstücke Pl.-Nr. 4 der Ortsflur Schönthal nach Maßgabe des vorgelegten Planes und der Beschreibung erteilt und bezüglich der Lagerung des zur Azetylengaserzeugung notwendigen Kalziumkarbids im Fabrikgebäude nähere Anordnung getroffen. Die Begründung des Beschlusses lautet im wesentlichen wie folgt: „Die gesamte hier in Frage stehende Anlage besteht aus:

1) einer Werkstätte zur Herstellung von Azetylengasapparaten,
2) einer Azetylengasanlage zur Beleuchtung des Fabrikanwesens sowie zur Prüfung der herzustellenden Azetylengasapparate auf ihre Leistungsfähigkeit (sog. Apparathaus), und
3) dem Kalziumkarbidlager.

Da das sog. Apparathaus als eine Gasbereitungsanstalt anzusehen ist, war hiefür die in § 16 GewO. vorgeschriebene behördliche Genehmigung erforderlich, während die Ausführung der übrigen Bestandteile der Anlage an sich nicht genehmigungspflichtig ist, diese vielmehr nur insoweit gewerbepolizeilich zu würdigen waren, als sie, wie der Aufbewahrungsort des Kalziumkarbids mit der genehmigungspflichtigen Anlage in untrennbarem Zusammenhang stehen. Die baupolizeiliche Genehmigung ist der Firma Huber unter entsprechendem Vorbehalt bereits erteilt worden; soweit die Anlage der gewerbepolizeilichen Genehmigung bedarf, war diese, wie geschehen, nicht zu versagen, da nach Anschauung des Bezirksamts erhebliche Gefahren, Nachteile oder Belästigungen weder für das Publikum überhaupt noch für Aubold als Besitzer von Nachbargrundstücken durch diese Anlage herbeigeführt wird."

Der den Beteiligten ordnungsmäßig zugestellte Beschluß wurde nicht weiter angefochten.

Nachdem die Landgemeinde Neudorf mit Wirkung vom 1. Januar 1907 an vom Bezirksamte Altstadt abgetrennt und der unmittelbaren Stadt Altstadt einverleibt worden war, erließ der Stadtmagistrat Altstadt auf Grund des Art. 101 PStGB., § 2 der Bauordnung vom $\frac{\text{17. II. 1901}}{\text{3. VIII. 1910}}$ und § 366 Z. 10 RStGB. am 15. Januar 1911 ortspolizeiliche Vorschriften über die Bebauung der Ortsflur Schönthal, die mit Entschl. der zuständigen Kreisregierung von Niederbayern vom 30. Januar 1911 für vollziehbar erklärt und im Amtsblatt der Stadt Altstadt wie im Neudorfer Anzeiger bekanntgemacht wurden. § 10 dieser Vorschriften lautet „Im ganzen Baugebiet (der ganzen Ortsflur Schönthal) ist die Errichtung von Anlagen der in den §§ 16 und 27 RGewO. bezeichneten Art, desgleichen die Errichtung von Stallungen zum gewerbsmäßigen Betrieb von Vieh-, Hunde- und Geflügelzucht, ferner die Lagerung von Fellen, Häuten und Knochen verboten.“ § 13 der Vorschriften bestimmt „In besonders gelagerten Fällen, in denen mit der Durchführung der vorstehenden Vorschriften größere Härten verbunden wären, kann der Stadtmagistrat Umgang nehmen.“

Nach Ausbruch des Krieges entschloß sich die Firma Huber, neben ihren bisherigen Friedenserzeugnissen auch Kriegsgeräte herzustellen, und ließ zur leichteren Bearbeitung größerer Werkstücke in einer Halle auf ihrem Fabrikgrundstück einen Federhammer (Hammerwerk) einrichten. Vom Stadtmagistrat Altstadt anläßlich der Prüfung des Bauplans auf die Notwendigkeit der gewerbepolizeilichen Genehmigung hingewiesen, suchte die Firma am 15. Juni 1916 unter Vorlage von Plan und Beschreibung um „die etwa erforderliche gewerbepolizeiliche Bewilligung“ nach, worauf der Stadtmagistrat mit Bekanntmachung vom 15. Juli 1916 im städtischen Amtsblatt das Unternehmen zur öffentlichen Kenntnis brachte mit der Aufforderung, etwaige Einwendungen gegen die neue Anlage binnen 14 Tagen anzubringen, eine besondere Benachrichtigung der bekannten Besitzer der Nachbargrundstücke unterblieb. Einwendungen wurden innerhalb der Frist beim Stadtmagistrat nicht angebracht. Zwei Monate nach Veröffentlichung der Bekanntmachung richteten mehrere Beteiligte, darunter Aubold, an den Stadtmagistrat eine Eingabe, worin sie über die große Lärmentwicklung des — von der Firma inzwischen eigenmächtig in Betrieb gesetzten — Federhammers Klage führten und die Abstellung des Mißstands forderten, auch erwähnten sie, daß ihnen von der Einleitung eines Genehmigungsverfahrens bisher nichts bekannt geworden sei. Daraufhin stellte der Stadtmagistrat je einen Abdruck der früheren Bekanntmachung vom 15. Juli 1916 den sämtlichen bekannten Besitzern der benachbarten Grundstücke zu mit der Aufforderung, etwaige Einwendungen gegen die neue Anlage binnen einer Frist von 14 Tagen anzubringen; eine neuerliche öffentliche Bekanntmachung erfolgte nicht. Innerhalb dieser Frist erhoben Einwendungen der bereits genannte Aubold als Eigentümer eines Nachbarhauses und die Garnisonverwaltung Altstadt, letztere wegen des unmittelbar an das Fabrikanwesen anstoßenden Truppenübungsplatzes, dessen fernere Benützung und künftige Verwendung im Falle der Überbauung durch das vom Hammerwerk erzeugte Geräusch sehr beeinträchtigt werde; Aubold wiederholte seine frühere Klage, daß durch den Tag und Nacht anhaltenden Lärm des Hammerwerks die Vermietbarkeit seiner Wohnungen und damit seine Hausrente stark herabgesetzt werde. In der mündlichen Verhandlung vor dem Stadtmagistrat kam eine Einigung zwischen den Parteien nicht zustande. Die Widersprechenden beharrten auf ihrem Einspruch und wiesen noch darauf hin, daß durch § 10 der erwähnten ortspolizeilichen Vorschriften die Errichtung des Hammerwerks überhaupt verboten sei. Demgegenüber hielt die Firma Huber ihr Gesuch aufrecht und betonte, die Klagen der Gegner über die Lärmentwicklung des Federhammers seien außerordentlich übertrieben, auch sei nicht abzusehen, inwieferne die Benützung des Truppenübungsplatzes, auf dem es doch auch nicht ruhig hergehe, durch das geringe Geräusch des Hammerwerks gehindert werde; die etwaige künftige Bebauung des Übungsplatzes könne von der Garnisonverwaltung, deren Berechtigung zur Einspruchserhebung übrigens in Zweifel gezogen werden müsse, nicht zur Begründung des Einspruchs herangezogen werden.

Einige Tage darauf lief beim Stadtmagistrat eine Erklärung der Intendantur I. Armeekorps ein, worin sie die von der Garnisonverwaltung bisher abgegebenen Äußerungen, insbesondere den Einspruch nachträglich genehmigte und sie zur ferneren Vertretung des Militärfiskus bevollmächtigte.

Nach Vornahme einiger Erhebungen faßte der Stadtmagistrat am 2. April 1917 Beschluß dahin, daß der Firma Huber die beantragte Genehmigung zur Errichtung des Federhammers unter Überbürdung der Kosten des Verfahrens einschließlich einer Gebühr von 20 ℳ auf die Antragstellerin zu versagen sei. In der Begründung ist ausgeführt, daß den rechtzeitig erhobenen Einwendungen des Aubold und der Garnisonverwaltung Rechnung zu tragen sei, da die Anlage feststehendermaßen erhebliche Nachteile und Belästigungen für jene im Gefolge habe und daher ihre auf Grundlage des § 906 des BGB. erhobenen Einwendungen berechtigt seien. Des weiteren sei die Errichtung des Hammerwerks durch § 10 der ortspolizeilichen Vorschriften vom 15. Januar 1911 verboten; von der Befugnis des § 13 der Vorschriften, welcher Ausnahmen zulasse, wolle der Stadtmagistrat keinen Gebrauch machen, da die Ortsflur Schönthal als Villenviertel erhalten bleiben solle.

Der Beschluß wurde der Firma Huber, dem Aubold und der Garnisonverwaltung am 12. April 1917 unter Belehrung über das Rekursrecht zugestellt. Mit Schriftsatz vom 19., eingelaufen beim Stadtmagistrat Altstadt am 20. April 1917 erhob Rechtsanwalt Mayer als bevollmächtigter Vertreter der Firma Huber Rekurs zur Kreisregierung von Niederbayern mit dem Antrag, unter Aufhebung des Vorbescheids dem Gesuche der Firma stattzugeben. Der Rekursbegründung ist folgendes zu entnehmen:

Der Stadtmagistrat hätte den Einwendungen der Widersprechenden keine Folge geben dürfen, da sie verspätet seien; die neuerliche Vorstreckung einer Einspruchsfrist durch den Stadtmagistrat sei unzulässig und deshalb wirkungslos gewesen. Der Einspruch Aubolds sei überdies schon durch Beschluß des Bezirksamts Altstadt vom 2. Oktober 1900 als unbegründet zurückgewiesen worden und könne schon deshalb in diesem Verfahren nicht mehr berücksichtigt werden. Die Garnisonverwaltung sei zur Vertretung des Militärfiskus nicht befugt, ihr

Einspruch daher wirkungslos; die nachträgliche Gutheißung ihres Einspruchs durch die zuständige Intendantur könne hieran nichts ändern. Aber auch die Abweisung des Gesuchs auf Grund der ortspolizeilichen Vorschriften sei zu Unrecht erfolgt. Es müsse überhaupt bestritten werden, daß die Errichtung gewerblicher Anlagen durch derartige Vorschriften verhindert werden könne, da eine solche Beschränkung des Gewerbebetriebs dem Grundsatze der Gewerbefreiheit widerspreche; zudem habe die Firma vom Bestehen dieser Vorschriften, die ihr s. Z. nicht eröffnet worden seien, erst im Laufe des Verfahrens Kenntnis erhalten, anderenfalls hätte sie rechtzeitig hiegegen Beschwerde ergriffen. Aber selbst wenn die Vorschriften rechtsgültig wären, könnten sie auf den Fabrikbetrieb der Firma keinen Einfluß haben, da die ganze Anlage schon vor Erlaß der ortspolizeilichen Vorschriften durch den bezirksamtlichen Beschluß rechtskräftig genehmigt worden sei; das beziehe sich auch auf die nunmehr erfolgte Aufstellung des Federhammers, dessen spätere Ausführung schon in der ursprünglichen Beschreibung in Aussicht gestellt worden sei. Eine Genehmigungspflichtigkeit bestehe daher für das Hammerwerk überhaupt nicht, wie denn die Firma auch nur auf Veranlassung des Stadtmagistrats ohne nähere Prüfung der Verhältnisse um die etwa erforderliche gewerbepolizeiliche Würdigung nachgesucht habe. Sollte der Regierungssenat trotzdem zu gegenteiliger Anschauung kommen, so wolle er im wohlverstandenen Interesse der Stadtgemeinde, der doch am Aufblühen einer leistungsfähigen Industrie alles gelegen sein sollte, von der Befugnis der Umgangnahme von der ortspolizeilichen Vorschrift als dem Stadtmagistrat übergeordnete Behörde Gebrauch machen. Zum Beweise dessen, daß durch den Federhammer tatsächlich kein erheblicher Lärm verursacht werde, möge das maßgebende Gutachten des Gewerberats erholt werden.

Die Gegenbeteiligten beantragten ohne weitere Begründung die Bestätigung des erstinstanziellen Bescheids.

Das von der Regierung erholte, als maßgebend zu erachtende Gutachten des Gewerberats, das auf längere Beobachtung des Betriebs sich stützt, lautet dahin, daß erhebliche Gefahren, Nachteile oder Belästigungen für das Publikum und die Nachbarschaft durch den Betrieb des Federhammers nicht herbeigeführt würden, wenn die Firma dafür sorge, daß während des Betriebs des Hammerwerks die Türen und Fenster des Betriebsraumes geschlossen seien.

Aufgabe:

Der Bescheid des Regierungssenats ist zu entwerfen und unter Würdigung des gesamten Vorbringens der Beteiligten zu begründen; als Tatbestand gilt die Aufgabe.

---

4. Aufgabe.

(Arbeitsfrist 5 Stunden.)

I.

Die G. m. b. H. „Filmag", deren sämtliche Geschäftsanteile in den Händen der beiden Kaufleute Martin Füßli (schweizerischer Staatsangehöriger) und Oskar Schwarzwälder (badischer Staatsangehöriger) — beide seit 1. Mai 1918 wohnhaft in der 9000 Einwohner zählenden mittelbaren Stadt Felden (B.-A. Felden) in Niederbayern — sich befinden, beabsichtigte dortselbst das Lichtspieltheater „Central" und das Panoptikum „Universal" zu eröffnen. Die Gesellschaft, vertreten durch Martin Füßli als Geschäftsführer, zeigte mit Eingabe vom 23. Mai 1918 dem Stadtmagistrate Felden an, daß sie beide Betriebe am 1. Juli 1918 und zwar das Lichtspieltheater in Haus Nr. 7, das Panoptikum in Haus Nr. 9 der Hauptstraße in Felden zu eröffnen gedenke; in bau-, feuer- und gesundheitspolizeilicher Hinsicht seien Änderungen an den von ihr gemieteten Räumen nicht vorzunehmen, weshalb lediglich um die gewerbepolizeiliche Erlaubnis, soweit solche erforderlich sei, für die Betriebsführung durch Füßli und Schwarzwälder nachgesucht werde. Die Zustellung des Bescheides wurde in das Geschäftslokal der „Filmag" (Hauptstr. 9) erbeten; unterzeichnet war die Eingabe mit „Martin Füßli in Felden, Hauptstr. 7".

Der Stadtmagistrat Felden beschloß in seiner Sitzung vom 2. Juni 1918 die Genehmigung zu dem Betriebe des Panoptikums zu versagen, weil während des Krieges grundsätzlich nur den in Felden seit längerem ansässigen Schaustellern für die von ihnen bisher schon besessenen und betriebenen Unternehmungen Vorführungserlaubnis erteilt werde; die Zulassung anderer Personen verbiete sich der Folgen halber, weil eine solche leicht Verhältnisse im Gefolge haben könnte, die mit dem Ernste der Zeit sich nicht vereinbaren ließen; es bestünden deshalb gewichtige Gründe der öffentlichen Ordnung für die Nichtzulassung, zumal ein höheres Interesse der Kunst oder Wissenschaft nicht gegeben sei. Das letztere gelte auch für den Betrieb des Lichtspieltheaters, dessen Eröffnung ebenfalls nicht genehmigt werden könne und zwar wegen Verneinung der Bedürfnisfrage, da sich in Felden bereits ein ähnliches Unternehmen befinde. Der Beschluß des Stadtmagistrats, der mit einer Gebühr von 5 ℳ bewertet wurde, wurde der „Filmag" um 9. Juni 1918 (Sonntag) zu Händen des Dienstmädchens des Füßli in dessen Privatwohnung (Hauptstraße 7) zugestellt.

Am 25. Juni 1918 lief bei der Regierung von Niederbayern, K. d. J., eine Beschwerde der Rechtsanwälte Dr. Schneidig und Fix in Felden ein, in der um Aufhebung des Beschlusses des Stadtmagistrats Felden gebeten wurde; zugleich wurde angezeigt, daß beide Betriebe am 1. Juli 1918 „ohne Rücksicht auf irgendwelche bürokratischen Widerstände" eröffnet würden.

Zur Begründung der Beschwerde wurde vorgebracht: Es werde für beide Betriebe zugegeben, daß ein höheres Interesse der Kunst oder Wissenschaft nicht obwalte, jedoch müsse entschieden bestritten werden, daß überhaupt eine polizeiliche Erlaubnis für die beiden Unternehmungen erforderlich sei. Wenn auch der Geschäftsführer der „Filmag" ein Ausländer sei, so gelte doch auch für ihn der Grundsatz der Gewerbefreiheit; dieser aber sei durch den Beschluß des Stadtmagistrats verletzt worden.

Die Regierung beauftragte mit Entschließung vom 26. Juni 1918 das Bezirksamt Felden, die Beschwerde in eigener Zuständigkeit zu verbescheiden, worauf das Bezirksamt mit Verfügung vom 29. Juni 1918 die Beschwerde kostenfällig unter Ansetzung einer Gebühr von 10 ℳ verwarf. In der Begründung wurde zunächst die Beschwerde als verspätet eingelegt bezeichnet; sodann aber „vom Standpunkte der Staatsaufsicht" in eine Würdigung des angefochtenen Beschlusses eingetreten; es wurden die vom Stadtmagistrate Felden angeführten Gesichtspunkte als zutreffend bezeichnet und weiterhin angefügt, daß eine Verletzung der Gewerbefreiheit nicht in Frage stehe, da der Filmag der Betrieb ihrer Unternehmungen nicht schlechthin verboten worden sei, sondern lediglich aus polizeilichen Erwägungen, deren Berücksichtigung das bayerische Landesrecht zulasse, der Ausübung ihres Gewerbebetriebs entgegengetreten worden sei.

Hiegegen erhoben die Rechtsanwälte Dr. Schneidig und Fix mit Schriftsatz vom 4. Juli 1918 Beschwerde zur Regierung von Niederbayern, K. d. J., mit dem Antrag auf Aufhebung der bezirksamtlichen Verfügung vom 29. Juni 1918; es sei durch sie die Gewerbefreiheit verletzt, weshalb gebeten werde, daß gegebenenfalls die Regierung im verwaltungsrechtlichen Senat entscheide; wolle man aber lediglich die Versagung einer polizeilichen Erlaubnis annehmen, so werde mit Beziehung auf die Ausführungen in den Kommentaren zu Art. 14 PStGB. und im Hinblick auf Art. 6 PStGB. sowie auf Art. 160 rrh. GemO. die Zuständigkeit des Bezirksamts überhaupt bestritten; vielmehr hätte unmittelbar die Kreisregierung zu entscheiden gehabt, so daß sich schon aus diesem Grunde die Aufhebung der bezirksamtlichen Verfügung vom 29. Juni 1918 rechtfertige.

Die Regierung von Niederbayern, K. d. J., verwarf mit Entschließung vom 14. Juli 1918 die eingelegte Beschwerde kostenfällig unter Ansetzung einer Gebühr von 15 ℳ, indem sie sich hinsichtlich der sachlichen Würdigung dem Bezirksamt anschloß. Die Zuständigkeit dieser Behörde im ersten Rechtszuge sei gegeben gewesen; soweit in der Rechtslehre eine anderweitige Ansicht vertreten werde, könne dieser nicht beigetreten werden.

Gegen diese Entschließung, zugestellt am 20. Juli 1918, erhoben die genannten Rechtsanwälte mit Schriftsatz vom 30. Juli 1918 — unterstempelt mit Gummistempel „Dr. Schneidig" — Beschwerde zum Staatsministerium des Innern, wo die Beschwerdeschrift am 2. August 1918 einlief. Ferner wurde von den gleichen Rechtsanwälten am 3. August 1918 telephonisch beim Bezirksamte Felden durch R.-A. Fix Beschwerde zum Verwaltungsgerichtshof eingelegt mit der Bitte, auszusprechen, daß die beiden Betriebe keiner Erlaubnis bedürften, oder — falls eine Erlaubnispflicht angenommen werde — die gewerbepolizeiliche Erlaubnis zu erteilen. Diese Beschwerde wurde noch mit Schriftsatz vom 8. August 1918 an den Verwaltungsgerichtshof, eingelaufen bei diesem am 10. August 1918, mit den bisher vertretenen Anschauungen begründet. Hervorgehoben wurde noch, daß die Regierung im verwaltungsrechtlichen Senat, zum mindesten aber nach kollegialer Beratung hätte entscheiden müssen.

Es ist in Form eines Rechtsgutachtens unter Angabe der einschlägigen Gesetzesbestimmungen und Würdigung aller vorgebrachten Gesichtspunkte und Rechtsausführungen darzulegen, ob die Beschwerden zum Verwaltungsgerichtshof und zum Staatsministerium des Innern Erfolg versprechen. Alsdann ist die Urteilsformel der Entscheidung des VGH. zu entwerfen. Von dem Entwurf einer förmlichen Entschließung des Staatsministeriums des Innern darf abgesehen werden.*)

II.

Schon vor Erlaß der Regierungsentschließung vom 14. Juli 1918, nämlich am 10. Juli 1918, war tatsächlich der Betrieb der beiden Unternehmungen „Central" und

*) Zu I und II: Etwa einschlägige kriegsrechtliche Anordnungen sind außer Betracht zu lassen.

„Universal" eröffnet worden und zwar wurden im Lichtspieltheater während der Aufführung der Bildstreifen zugleich Musikstücke gespielt. Gleichzeitig prangten an der inneren Seite der Fenster des Lichtspieltheaters, so daß sie von der Straße aus weithin sichtbar waren, zwei Plakate, die — in grellen Farben gehalten — auf das „hochmoderne, sensationelle Programm" hinwiesen. Daraufhin lief am 12. Juli 1918 beim Bezirksamt Felden ein Bericht des Stadtmagistrats ein, der von dieser Tatsache Kenntnis gab, die sofortige Schließung der beiden Betriebe verlangte und anfragte, ob die — nach seiner Ansicht vom Bezirksamte zu erteilende — Erlaubnis zur Anheftung der Plakate gegeben worden sei. Wenn der Filmag vom Standpunkt der Gewerbe- oder Sicherheitspolizei nichts angehabt werden könne, so werde zum Zwecke der Unterbindung ihrer Betriebe die Ausweisung sowohl des Füßli als des Schwarzwälder gefordert und zwar sollten beide nicht nur aus Felden, sondern ersterer zugleich „als lästiger Ausländer" aus dem Reich, letzterer wenigstens zugleich aus Bayern ausgewiesen werden. Hiezu wurde folgendes ausgeführt: Füßli sei wegen Anstiftung zu einem Betrug in Bern im Jahre 1917 rechtskräftig zu einer Freiheitsstrafe von 3 Monaten verurteilt worden und verdiene deshalb die beantragte Aufenthaltsbeschränkung. Schwarzwälder sei zwar Deutscher und wohne bereits seit längerer Zeit in Bayern — so habe er nach Erfüllung seiner Militärdienstpflicht sich vom 1. November 1914 bis 20. Mai 1917 in Rosenheim ununterbrochen aufgehalten —, er könne aber trotzdem ausgewiesen werden und zwar, weil er wegen unberechtigten Jagens im Amtsbezirke Rosenheim im Jahre 1917 zu einer Geldstrafe von 80 ℳ rechtskräftig verurteilt worden sei. Durch die Ausweisung der beiden Genannten werde die Frage, ob ihr gewerblicher Betrieb genehmigungspflichtig sei oder nicht, auf möglichst rasche und gründliche Weise gelöst; die beiden hätten sich zu einer Belästigung gerade der Gemeinde Felden entwickelt, weshalb um beschleunigte Entscheidung gebeten werde.

Das Bezirksamt Felden forderte mit Verfügung vom 18. Juli 1918 sowohl Füßli als Schwarzwälder zur Einstellung ihrer Betriebe auf und betonte, daß gegebenenfalls nicht nur gerichtliche Bestrafung herbeigeführt werde, sondern auch eine Ordnungsstrafe von je 40 ℳ sowohl gegen die Filmag als gegen den Geschäftsführer Füßli und gegen den an der Betriebsführung beteiligten Schwarzwälder verhängt werde, eventuell müsse die Schließung der beiden Betriebe gewärtigt werden. Zugleich wurde den beiden aufgetragen, die angebrachten Plakate zu entfernen, widrigenfalls diese auf Kosten der Filmag zwangsweise beseitigt würden, wobei dieselbe noch eine Ungehorsamsstrafe von mindestens 50 ℳ zu gewärtigen habe. — Hinsichtlich des Ausweisungsantrags ergaben die Ermittelungen die Richtigkeit der von der Gemeinde Felden angeführten Tatsachen. Füßli und Schwarzwälder stellten den Antrag auf Ablehnung der Ausweisungsanträge. Schwarzwälder insbesondere betonte, daß seine Ausweisung unzulässig sei, da sie gegen das Freizügigkeitsgesetz verstoße; im übrigen könne er schon deshalb nicht ausgewiesen werden, weil eine Übernahmeerklärung nach Baden nicht erholt worden sei und weil er ferner einen Unterstützungswohnsitz in Bayern, nämlich in Rosenheim, besitze; endlich weise er darauf hin, daß er zurzeit das Wiederaufnahmeverfahren gegen seine im Jahre 1917 erfolgte Verurteilung betreibe, so daß auch aus diesem Grunde seine Ausweisung eine unverdiente Rechtskränkung für ihn bedeuten würde.

Welche Stellung hat das Bezirksamt Felden zu den gestellten Anträgen einzunehmen? Wie weit kann es die von ihm angedrohten Maßnahmen nach Maßgabe der bestehenden Bestimmungen rechtswirksam verhängen? Alle vorgebrachten Gesichtspunkte und Rechtsausführungen sind unter Angabe der einschlägigen Gesetzesstellen eingehend zu würdigen.

5. Aufgabe.

(Arbeitsfrist 5 Stunden)

I.

Anfangs Februar 1918 reichte Jakob Ferstl, Besitzer der an der S., einem im Staatseigentum stehenden Privatfluß, liegenden sogen. Aumühle in Hub, Gemeinde gl. Namens, beim zuständigen Bezirksamt W. ein von einem Maschinenbaugeschäft angefertigtes Projekt ein, wonach die bisherigen drei unterschlächtigen hölzernen Wasserräder seiner Mühlanlage durch zwei Turbinen ersetzt werden sollen, ferner der Leerlauf und das Streichwehr abgeändert werden soll. Zugleich bat er um beschleunigte Durchführung des Verfahrens und um möglichst baldige Erteilung der erforderlichen Genehmigung.

Das Bezirksamt setzte sich zunächst mit dem Straßen- und Flußbauamt, dem Kulturbauamt, dem Obmann des Bezirksfischereivereines und den Kreis-Sachverständigen für Fischerei ins Benehmen. Das Straßen- und Flußbauamt und das Kulturbauamt beantragten im Interesse der Allgemeinheit verschiedene Anordnungen, insbesondere betonten sie die Notwendigkeit einer angemessenen Festsetzung der Stauhöhe und der Aufstellung eines neuen bleibenden Höhenmaßes. Der Obmann des Bezirksfischereivereins und der Kreis-Sachverständige für Fischerei äußerten sich dahin, daß zur Vermeidung einer empfindlichen Schädigung der Fischereiberechtigten vor den Turbinen im Oberlauf ein Feinrechen von höchstens 30 mm Entfernung der Rechenstäbe anzubringen und vorzuschreiben sei, daß die Schützen — Notfälle ausgenommen — nur so langsam gezogen werden dürften, daß der Wasserspiegel im Mühlkanal nur ganz allmählich abgesenkt werde.

Sodann wurden durch Vermittlung der Regierung, deren Sachverständige den erwähnten Gutachten beitraten, die Verhandlungen an das Staatsministerium des Innern einbefördert. Dieses erließ am 5. Mai 1918 gemeinschaftlich mit dem Staatsministerium der Finanzen Entschließung dahin, daß gegen die Erteilung der Erlaubnis zur Ausführung des Projektes unter den vorgeschlagenen Bedingungen eine Erinnerung nicht bestehe und daß von dem Vorbehalt des Widerrufes abzusehen sei, da Anhaltspunkte dafür, daß den Besitzern der Aumühle die Wasserbenützung bisher nur widerruflich eingeräumt gewesen sei, nicht bestünden.

Das Bezirksamt W. machte hierauf das Unternehmen bekannt, und zwar erschien ein gleichlautendes Ausschreiben in der am Mittwoch, den 15. Mai 1918 zur Ausgabe gelangten Nr. 25 des Amtsblattes und in der Nr. 138 des W.er Tagblattes, die am 19. Mai ausgegeben wurde. Das Ausschreiben enthielt u. a. die Angabe, daß die Pläne, Zeichnungen und Beschreibungen beim Bezirksamt zur Einsicht auflägen, und die Aufforderung, etwaige Einwendungen gegen das Unternehmen bei Meidung des Ausschlusses binnen 14 Tagen mündlich oder schriftlich bei der Distriktsverwaltungsbehörde, spätestens aber bei der voraussichtlich stattfindenden mündlichen Verhandlung vorzubringen. Am 20. Mai 1918 wurde jedem der dem Bezirksamt bekannten Beteiligten eine Abschrift des Ausschreibens zugestellt. Außerdem wurde das das Ausschreiben enthaltende Amtsblatt in der Gemeinde Hub und in den unmittelbar angrenzenden Gemeinden in der dort für öffentliche Bekanntmachungen üblichen Weise angeschlagen.

Am 30. Mai 1918 traf beim Bezirksamt W. eine Vorstellung der Bauern Ägidius Zapf, Bernhard Aigner und Franz Unterberger ein, worin diese gegen das Ferstlsche Unternehmen Einspruch erhoben, weil dieses eine Überflutung ihrer Wiesen zur Folge haben und ihnen dadurch Schaden verursachen würde.

In der Tagfahrt, die am 12. Juni 1918 in der Aumühle in Hub stattfand, wurde durch den Bezirksamtsassessor als Leiter der Verhandlung und durch den Bezirksbaumeister an der Hand der Pläne, Zeichnungen und Beschreibungen sowie durch Vorzeigung in der Natur der bisherige Zustand der Anlage eingehend geschildert, ebenso die beabsichtigten Veränderungen erschöpfend dargelegt. Die vorher erholten Sachverständigengutachten und die Eingabe des Ägidius Zapf u. Gen. wurden verlesen. Auf jede aus der Versammlung gestellte Anfrage wurde sofort Aufschluß erteilt.

Aus dem damaligen Vorbringen der Beteiligten und aus dem weiteren Verfahren ist folgendes hervorzuheben:

1. Jakob Ferstl beklagte sich über Verzögerung des Verfahrens. Er behauptete, daß die Vorlage der Verhandlungen an das Staatsministerium des Innern nicht veranlaßt gewesen sei, da er für das geplante Unternehmen einer Wasserbenützungserlaubnis nicht bedürfe. Diese sei schon seinem zweiten Besitzvorgänger unwiderruflich erteilt worden. Die Benützung des Wassers und der hiezu geschaffenen Anlagen könne daher nur im Weg der Zwangsenteignung entzogen werden. Selbst wenn hier Art. 43 Abs. III WG. nicht zur Anwendung zu kommen haben sollte, so schlage doch wohl Art. 207 WG. und § 19 GewO. ein.
2. Der Bauer Bernhard Aigner bemängelte, daß die Benachrichtigung der dem Bezirksamt bekannten Beteiligten durch persönliche Zustellung nicht gleichzeitig mit, sondern erst nach dem Erscheinen des Amtsblattes Nr. 25 erfolgt und daß infolgedessen die für Einwendungen Dritter eröffnete 14tägige Frist nicht gewahrt sei. Demgegenüber wies der Verhandlungsleiter darauf hin, daß im Ausschreiben den Beteiligten die Möglichkeit eröffnet worden sei, noch bei der mündlichen Verhandlung Einwendungen gegen das Unternehmen geltend zu machen. Jakob Ferstl behauptete, daß die Eingabe des Ägidius Zapf und Gen. verspätet gewesen sei und daß daher die darin enthaltenen Einwendungen schon aus diesem Grund nicht berücksichtigt werden könnten.
3. In der Verhandlung erschien auch der Hausbesitzer Ernst Thomaß von Hub, der bisher nicht als Beteiligter betrachtet und daher nicht geladen worden

war. Er behauptete, daß durch den beabsichtigten höheren Stau eine Erhöhung des Grundwasserspiegels verursacht werde, infolge deren Hauskeller unter Wasser gesetzt würden. Dadurch werde eine gesundheitliche Schädigung oder wenigstens Gefährdung eines Teiles der Einwohnerschaft von Hub herbeigeführt. Der Bezirksbaumeister äußerte sich hiezu auf Befragen des Verhandlungsleiters, daß diese Möglichkeit nicht ohne weiteres von der Hand gewiesen werden könne. Der Verhandlungsleiter eröffnete sodann dem Thomaß, daß über die von ihm angeregte Frage vor der Beschlußfassung der Distriktsverwaltungsbehörde noch Sachverständigengutachten erholt würden. Daraufhin erklärte Ferstl, daß er gegen abermalige Verzögerung des Verfahrens durch Einholung von Sachverständigengutachten Verwahrung einlege. Thomaß könne überhaupt nicht als beteiligt angesehen werden, da sein Anwesen von der Aumühle weit abliege, im übrigen sei die 14tägige Einspruchsfrist längst versäumt.

4. Eine längere Aussprache verursachte der erwähnte Einspruch des Ägidius Zapf, Bernhard Aigner und Franz Unterberger; diese verlangten, daß das Wasser nicht höher gestaut werde als der schon vorhandene Eichpfahl angebe, schließlich einigten sich aber die Widersprechenden mit Ferstl bedingungslos auf eine Wasserhöhe von 20 cm über den jetzigen Eichpfahl. In einer 8 Tage nach der Tagfahrt ans Bezirksamt eingeschickten Erklärung widerriefen sie dieses Zugeständnis mit der Behauptung, daß dieses rechtlich bedeutungslos sei. Sie seien nämlich beim Abschluß des Vergleiches von der irrigen Meinung ausgegangen, daß die dermalige Höhe der Wehrkrone und damit die jetzige tatsächliche Stauhöhe schon 20 cm über dem Eichpfahl betrage, in Wirklichkeit liege aber die Wehrkrone nur um 10 cm höher als der jetzige Eichpfahl.

5. Anknüpfend an diese Auseinandersetzung erklärte Jakob Ferstl, daß er die vom Straßen- und Flußbauamt

und vom Kulturbauamt angeregte Aufstellung eines neuen bleibenden Höhenmaßes als nicht gerechtfertigt erachte, der jetzige Eichpfahl sei vor 10 Jahren mit Zustimmung der sämtlichen Beteiligten gesetzt worden, durch das jetzt geplante Unternehmen werde eine wesentliche Veränderung der Sachlage nicht bewirkt.

6. Die Fischereiberechtigten Matthias Huber und Konstantin Friedl baten in der mündlichen Verhandlung um Aufnahme der vom Obmann des Bezirksfischereivereins und vom Kreis-Sachverständigen für Fischerei begutachteten Maßnahmen unter die Genehmigungsbedingungen. Jakob Ferstl erwiderte hierauf, daß er darin eine unnötige Belästigung und eine nicht zu rechtfertigende Erhöhung der Kosten des Unternehmens erblicke.

Aufgabe:

Die unter Ziffer 1—6 aufgeführten Behauptungen und Einwendungen sind unter Bezeichnung der in Betracht kommenden Gesetzes- und sonstigen Bestimmungen eingehend zu würdigen.

II.

Im Bezirksamt M. besteht eine am 1. Juni 1909 erlassene, von der Regierung von X., Kammer des Innern, für vollziehbar erklärte distriktspolizeiliche Vorschrift folgenden Inhalts:

„Die Beseitigung von Gebäuden, Gebäudeteilen und sonstigen Bauwerken von geschichtlichem, kunst- oder kulturgeschichtlichem Wert oder von schönheitlicher Bedeutung und Veränderungen an solchen Werken bedürfen der baupolizeilichen Genehmigung."

Die Versicherungsgesellschaft Germania hat von dem bisherigen Besitzer, einem Privaten, im Jahre 1918 das am Marktplatz der mittelbaren Stadt M. stehende sogenannte Zunfthaus erworben, das früher den Zwecken der Handwerker der Stadt, ihren Zusammenkünften usw. diente. Sie beabsichtigt, das Gebäude niederzureißen und an dessen Stelle einen Neubau zu errichten, in dem sie eine Zweigstelle ihres Geschäfts unterbringen will; sie reichte hiefür einen den Vorschriften der allgemeinen Bauordnung entsprechenden Bauplan zur Genehmigung ein. Der Bezirksverein für Heimatschutz erhob beim Bezirksamt M. Einspruch gegen den Bau mit dem Antrag, die Genehmigung zu verweigern, weil das Zunfthaus ein Bauwerk von hohem kunst- und kulturgeschichtlichem Werte sei. Die Versicherungsgesellschaft erkannte dies an, erklärte aber, daß sie mangels eines anderen geeigneten Bauobjektes an ihrer Absicht festhalten müsse. Sie bestreite übrigens, daß auf Grund der geltenden distriktspolizeilichen Vorschriften die Durchführung ihrer Absicht vereitelt werden könne; geschehe dies, so bedeute es einen Eingriff in verfassungsmäßig gewährleistete Rechte.

Vom Bezirksamt wurde als Sachverständiger das Landesamt für Denkmalpflege einvernommen, das die Anschauung des Bezirksvereins für Heimatschutz durchaus bestätigte, aber erklärte, sich in die Rechtsfrage nicht einmischen zu können. Das Bezirksamt M. genehmigte am 28. Oktober 1918 den Bauplan und teilte dem Bezirksverein für Heimatschutz mit, daß es zu seinem Bedauern nicht in der Lage gewesen sei, den Einspruch zu berücksichtigen. Der Baubescheid und die Mitteilung sind am 1. November 1918 in die Hände der Beteiligten und des Vereins gelangt.

Am 20. November 1918 reichte der Verein bei der Regierung von X., Kammer des Innern, eine Beschwerde ein, in welcher er den Antrag stellte, den bezirksamtlichen Genehmigungsbescheid aufzuheben und der Versicherungsgesellschaft die Baugenehmigung zu versagen.

Der Bescheid der Regierung ist zu entwerfen; hiebei sind alle in Betracht kommenden rechtlichen Gesichtspunkte zu würdigen.

---

6. Aufgabe.

(Arbeitsfrist 5 Stunden.).

Der Maurer A in H arbeitet für sich bei verschiedenen Auftraggebern; Gehilfen stellt er nach Bedarf ein. Er liefert bei seinen Arbeiten kein Material; er hat keine baren Betriebsmittel, kein Gerüstzeug und besitzt nur die notwendigsten Arbeitsgeräte. Wenn er Gehilfen eingestellt hat, so teilt er den Verdienst mit ihnen.

Der Gutsbesitzer B in H bewirtschaftet landwirtschaftliche Grundstücke von mehr als 300 ha mit entsprechendem Dienstpersonal und Viehstand. Im Frühjahr 1918 waren an seinen Wirtschaftsgebäuden ziemlich umfangreiche Ausbesserungsarbeiten notwendig geworden; es mußten Dächer umgedeckt, Stallgewölbe ausgebessert, Umfassungsmauern und Kamine verputzt werden, u. dgl.

B übertrug die Arbeiten dem A und schloß mit ihm einen Vertrag, in dem bestimmt war: „A hat lediglich die Arbeiten auszuführen und dazu die nötigen Gehilfen (Maurer) einzustellen; das Material liefert B selbst. A übernimmt die Arbeiten um eine Akkordsumme von 1500 M, die in wöchentlichen Raten nach dem Fortschreiten der Arbeit auszuzahlen ist. A gilt als selbständiger Unternehmer, hat die Arbeit als Meister auszuführen und für alle Versicherungen selbst zu sorgen."

A meldete seine Gehilfen bei der Krankenkasse an, klebte auch die Beitragsmarken der Invalidenversicherung für sie, einen Lohnnachweis an die B. Baugewerksberufsgenossenschaft oder deren Zweiganstalt reichte er nicht ein.

Die Arbeiten begannen am 2. April 1918 und waren am 18. Juni beendet. An diesem Tag, beim Zusammenpacken der Arbeitsgeräte im Hof des Gutes, wurde A von einem Pferd des B geschlagen und so schwer verletzt, daß er auch nach Ablauf von 13 Wochen noch in beträchtlichem Maß arbeitsbeschränkt war.

B erstattete keine Anzeige von dem Unfall an die Ortspolizeibehörde, weil er der Meinung war, dies habe A auf Grund des Akkordvertrags selbst zu tun.

A, der davon ausging, daß er als Unternehmer der gesetzlichen Unfallversicherung nicht unterstanden habe, klagte gegen B auf Schadenersatz. Die Klage wurde dem B am 2. Oktober 1918 zugestellt.

Nunmehr erstattete B Unfallanzeige, weil man ihm gesagt hatte, daß A sich die gesetzliche Unfallentschädigung auf die zivilrechtliche Entschädigung anrechnen lassen müsse. Der Bürgermeister nahm die vorgeschriebene Unfalluntersuchung vor und sandte die Niederschrift an die zuständige landw. Berufsgenossenschaft ein; er glaubte, es handle sich um einen landw. Betriebsunfall, weil ein Pferd des B ihn verursacht hatte. Die landw. Berufsgenossenschaft fragte bei der B. Baugewerks-Berufsgenossenschaft an, ob A dort für seine Person selbstversichert sei. Die Frage wurde verneint; daraufhin wies die landw. Berufsgenossenschaft den von B geltend gemachten Anspruch des A ab mit der Begründung: „Die Arbeit, bei der A verletzt wurde, sei nicht landwirtschaftlich versichert gewesen; es handle sich um eine Eigenbauarbeit gemäß §§ 537 Abs. 1 Ziff. 3, 783, 799 ff. RVO.; als Unternehmer sei A überhaupt nicht versichert gewesen; endlich handle es sich auch um keinen Betriebsunfall, da die Bauarbeiten, die A auszuführen hatte, z. Zt. des Unfalls schon beendet gewesen seien". Ausfertigungen des Bescheids wurden dem A und B zugestellt.

Auf gemeinsamen Einspruch der Genannten beharrte die Berufsgenossenschaft in ihrem Endbescheid auf der Abweisung, wobei A sich beruhigte. B dagegen legte rechtzeitig Berufung ein. In dieser machte er geltend: „A sei nicht Unternehmer, sondern Betriebsbeamter und daher versichert gewesen. Es handle sich nur darum, welcher Versicherungsträger ihn zu entschädigen habe, die landw. Berufsgenossenschaft oder die Baugewerksberufsgenossenschaft. Daher hätte nach § 1735 ff. RVO. verfahren werden müssen. Er beantrage, den Endbescheid aufzuheben und die Sache zur Einleitung des Verfahrens nach § 1735 a. a. O. an die landw. Berufsgenossenschaft zurückzuverweisen.

---

1. Wie hat das Oberversicherungsamt zu entscheiden?
2. Welchen Erfolg wird die Schadenersatzklage des A gegen B voraussichtlich haben?

Das Verhalten und die Meinungen der Beteiligten sind nach allen Richtungen zu würdigen. Die einschlägigen Gesetzesvorschriften sind anzuführen.

---

7. Aufgabe.

(Arbeitsfrist 5 Stunden.)

Die Privatierseheleute Johann und Katharina Eder, letztere eine geborene Huber, in München errichteten am 20. September 1910 ein gemeinschaftliches Testament, worin sie sich gegenseitig zu Erben einsetzten und weiter bestimmten, daß nach dem Tode des Überlebenden der beiderseitige Nachlaß in folgender Weise zu verteilen sei:

1. Je 6000 ℳ erhalten
   a) der bischöfliche Stuhl in Speyer mit der Bestimmung, daß der Betrag zur Förderung der Missionen in den nichtchristlichen Ländern verwendet werden soll,
   b) der Katholische Kirchenbauverein Winden (Pfalz) e. V.

2. Die Aufsehersehefrau Anna Müller, die bis zu ihrer im Januar 1910 erfolgten Verehelichung als Mädchen für Küche und Haus in unseren Diensten stand und mich, den Ehemann, seit dem Jahre 1905 in schwerer Krankheit pflegte, erhält 10000 ℳ mit der Bestimmung, daß eine etwa geschuldete Erbschaftssteuer aus dem Nachlasse zu zahlen ist.

3. Mit einem Betrage von 60000 ℳ, der aus unseren Hypotheken zu nehmen ist, soll eine Stiftung errichtet werden unter dem Namen „Johann und Katharina Edersche Familienstiftung". Diese soll unter der Verwaltung des Stadtmagistrats München stehen und folgenden Zwecken dienen:

a) alljährlich sind an unserem Todestage je 200 *M* = 400 *M* an die Armen der Stadt München zu verteilen;

b) die übrigen Stiftungsrenten sollen zur Gewährung von Stipendien an unsere beiderseitigen Verwandten Verwendung finden. Diese sollen für jeden Empfänger mindestens 400 *M* jährlich betragen. Die Bezugsberechtigung hängt außer von dem Nachweise der Verwandtschaft noch von dem Nachweise der Vollendung des 18. Lebensjahrs und des Besuchs einer deutschen Hochschule ab.

4. Der hiernach noch verbleibende Rest unseres Nachlasses geht zu 2 gleichen Teilen auf unsere beiderseitigen Verwandten, als Erben, über, nämlich auf

A. Ludwig, Karl und Maria Eder, meine, des Ehemanns, 3 Geschwister,

B. Anna und Emil Huber, meine, der Ehefrau, 2 Geschwister.

Sollte einer dieser Erben inzwischen versterben, so substituieren wir ihm seine Kinder. Verstirbt er kinderlos, aber verheiratet, so substituieren wir ihm seinen Ehegatten.

Johann Eder starb am 15. Januar 1912, seine Ehefrau folgte ihm am 8. März 1917 im Tode nach. Beide hatten keine Abkömmlinge; ihre Eltern sind vor ihnen verstorben.

Der Nachlaß besteht aus:

Aktiva.

1. Hypothekforderungen einschließlich Zinsen	100000 *M*,
2. Wertpapiere einschließlich Zinsen . . .	92444 *M*,
3. Hausanwesen in München	50000 *M*,
4. Äcker und Wiesen im Rentamtsbezirke Dachau, Ertragswert	50000 *M*,
5. Kleidungsstücke und Betten, Haus- und Küchengeräte	18000 *M*,
6. Kunstgegenstände, Bücher und Vorräte .	12000 *M*,
Summe	322444 *M*.

Passiva.

1. Hypothek auf dem Hause in München samt Zinsen	25 000 M,
2. desgleichen auf den Äckern und Wiesen . .	25 000 M,
3. Krankheits- und Beerdigungskosten . . .	4 500 M,
4. Kosten der Nachlaßbehandlung	1 500 M,
5. Kurrentschulden	24 000 M,
Summe	80 000 M.

Die Erbin Anna Huber ist bereits im August 1912 verstorben. Sie war mit dem Miterben Karl Eder verheiratet. Kinder sind aus dieser Ehe nicht hervorgegangen.

Emil Huber verstarb im September 1914 in ledigem Stande. Er hinterließ einen außerehelichen, von ihm rechtsgültig anerkannten Sohn, Friedrich Lehr.

Die Edersche Familienstiftung wurde am 3. Juli 1917 landesherrlich genehmigt.

Ausweislich der amtsgerichtlichen Akten haben die Erben und Vermächtnisnehmer die Annahme der Erbschaft und der Vermächtnisse erklärt. Als Erbe ist auch der oben aufgeführte uneheliche Sohn des Emil Huber, Friedrich Lehr, über dessen Erbberechtigung ein Rechtsstreit entstanden war, im Wege des Prozeßvergleichs anerkannt worden.

Von den Vermächtnisnehmern wird hinsichtlich der Erbschaftssteuer geltend gemacht:

a) Der Katholische Kirchenbauverein Winden (Pfalz) hält sich überhaupt nicht für verpflichtet, Erbschaftssteuer zu entrichten, da er durch das Vermächtnis nicht bereichert ist, denn nach seinen Satzungen sei er gehalten, den ihm zugewendeten Betrag sofort den Zwecken des Kirchenbaues zuzuführen, der bereits im Gange sei.

b) Anna Müller macht geltend, sie sei bei den Erblassern lange Jahre als Mädchen für Küche und Haus gegen einen Jahreslohn von 200 M in Stellung gewesen. Sie habe 5 Jahre lang den Ehemann Eder, der an einer ansteckenden Krankheit litt, Tag und Nacht gepflegt. Ihre Leistungen seien mit 200 ℳ jährlich nicht entschädigt; nach ihrem Dienstvertrage sei sie zur Krankenpflege auch nicht verpflichtet gewesen. Wenn sie sich gleichwohl zu diesen Diensten herbeigelassen habe, so sei dies geschehen, weil ihr die Ederschen Eheleute zugesichert hätten, sie hierfür durch Aussetzung eines Vermächtnisses schadlos zu halten. Eine dritte Person hätte für diese Dienste mindestens 1 ℳ pro Tag beanspruchen können. Sie macht daher den Betrag von 1800 ℳ zum Abzuge geltend. Außerdem beanspruche sie, soweit zulässig, Steuerbefreiung auf Grund ihres früheren Dienstverhältnisses zu den Eheleuten Eder.

Die Aufstellungen treffen, soweit sie tatsächlicher Natur sind, zu.

Welche Erbschaftssteuern berechnen sich für die einzelnen Erben und Vermächtnisnehmer?

Die Beantwortung ist, namentlich auch soferne Steuerbefreiung oder Ermäßigung einzutreten hat, kurz zu begründen.

8. Aufgabe.

(Arbeitsfrist 5 Stunden.)

H., bayerischer Staatsangehöriger mit dem Wohnsitz in Bayern, der bisher kein Vermögen besaß und kein Einkommen bezog, hat den am 10. September 1918 verstorbenen J. beerbt. Zum Nachlasse gehören:

1. eine Wohnungseinrichtung im Werte von 10000 ℳ,
2. Kleider und Wäsche im Werte von 5000 ℳ,
3. Kunst- und Schmuckgegenstände im Werte von 5000 ℳ,
4. Pfandbriefe zu 4 % verzinslich im Nennwerte von 100000 ℳ, Kurswert 90000 ℳ, hinterlegt bei einer Frankfurter Bank,
5. ein Anteil an einer Gesellschaft m. b. H. im Verkaufswert von 50000 ℳ. Der jährliche Gewinnanteil ist mit 5000 ℳ anzunehmen,

6. ein städtisches Miethaus in Bayern im Verkaufswerte von 100000 ℳ, mit 6000 ℳ Haussteuerverhältniszahl und einem wirklichen jährlichen Reinertrag von 7000 ℳ, belastet mit einer zu 4 % verzinslichen Hypothek im Betrage von 50000 ℳ,
7. ein in gemieteten Räumen betriebenes Geschäft, das einen regelmäßigen jährlichen Reinüberschuß von 2000 ℳ (nach Abgleichung der jährlichen Betriebseinnahmen und Betriebsausgaben) abwirft. Zu dem Geschäftsbetrieb gehören Werkzeuge und Gerätschaften im Werte von 1000 ℳ, Warenvorräte im Werte von 14000 ℳ, ausstehende Forderungen im Betrage von 5000 ℳ und Geschäftsschulden im Betrage von 14000 ℳ.

Mit welchen bayerischen direkten Staatssteuern (die Grundsteuer ausgenommen) ist H. für das Kalenderjahr 1919 zu veranlagen und wie berechnen sich die einzelnen Steuern ziffermäßig?

Die Antworten sind unter genauer Angabe der einschlägigen Gesetze und einzelnen gesetzlichen Bestimmungen kurz zu begründen. Bei der Beantwortung ist anzunehmen, daß sich an den durch den Erbfall geschaffenen Vermögens- und Einkommensverhältnissen des H. bis zum 31. Dezember 1919 nichts ändert.

---

9. Aufgabe.

(Arbeitsfrist 9 Stunden.)

Am 10. Januar 1916 fand sich die in der kreisunmittelbaren Stadt A des Bayerischen Regierungsbezirkes X wohnhafte Eisendrehersfrau Maria Wenzel beim Armenrat dieser Stadt zu folgender Erklärung ein:

„Mein Mann Johann Wenzel liegt seit über 6 Monaten im hiesigen städtischen Krankenhaus; es ist nicht abzusehen, daß er vor Sommer entlassen wird. Ich habe mich, obwohl selbst lungenleidend, seitdem als Zugeherin fortgebracht und mit meiner 65jährigen Mutter Elise Baier, die sich als Wäscherin zeitweilig etwas verdiente, gemeinsamen Haushalt geführt. Seit kurzem zeigten sich bei ihr geistige Störungen, die sich nun so gesteigert haben, daß ich, zudem ich den größten Teil des Tags von zu Haus abwesend bin, die Kranke nicht weiter bei mir behalten kann. Ich habe mich an meine in B (kreisunmittelbare Stadt des Bayerischen Regierungsbezirkes Y) wohnhafte Schwester, die Bäckersfrau Rosa Rau gewendet mit der Bitte, die geisteskranke Mutter, die sie besser beaufsichtigen könnte, mir abzunehmen. Meine Schwester hat sich jedoch über diese Zumutung so aufgeregt, daß sie mir nunmehr auch meine beiden bisher bei ihr unentgeltlich in Pflege befindlichen Kinder zur Verfügung gestellt hat. Ich bin außerstand, für meine Angehörigen etwas zu leisten, und bitte, daß, insbesondere zunächst für meine Mutter, Armenhilfe eintritt."

Die unter Benützung des vorgeschriebenen Formblatts vom Armenrat A gepflogene weitere Einvernahme der Maria Wenzel über die persönlichen, Familien- und Aufenthalts-Verhältnisse der Hilfsbedürftigen ergab folgendes:

Die Antragstellerin Maria Wenzel, geborene Baier, war in ledigem Stand in A beheimatet und hat außerehelich am 11. März 1912 das Kind Karl Baier geboren. In erster Ehe verheiratete sie sich am 1. August 1912 mit dem am 20. Februar 1916 ohne Hinterlassung von Vermögen und unterhaltsfähigen Verwandten verstorbenen, bis zu seinem Tode gleichfalls in A beheimateten Schuhmacher August Frank; aus dieser Ehe ist ein am 25. Mai 1913 geborenes Mädchen Anna Frank vorhanden. Die Ehe mit August Frank ist am 25. August 1914 durch Urteil des Landgerichts A aus Verschulden des Ehemanns geschieden worden. In zweiter Ehe verheiratete sich die Witwe Frank am 1. Mai 1915 mit dem österreichischen Staatsangehörigen Eisendreher Johann Wenzel aus Taus in Böhmen und wohnt mit ihm seitdem in A; Kinder sind aus dieser Ehe nicht hervorgegangen; leistungsfähige Verwandte des Ehemannes sowie irgend welches Vermögen sind nicht vorhanden. Der Vater des außerehelichen Kindes Karl Baier hat sich bisher der Unterhaltungspflicht entzogen, sein Aufenthalt ist völlig unbekannt. Die Mutter der Antragstellerin, die Wäscherin Elise Baier ist verheiratet mit dem Taglöhner Friedrich Baier, der unter Geltung des bayerischen Heimatgesetzes die Heimat in A besaß. Die Eheleute leben seit 1910 ununterbrochen in A, jedoch seit 1914 freiwillig getrennt; Elise Baier wohnt seitdem, da sich ihr Mann nichts mehr um sie kümmerte, bei ihrer Tochter Maria. Weitere Kinder als diese und die vorerwähnte Rosa Rau sind aus der Ehe der Eheleute Baier nicht vorhanden.

Durch die sofort gepflogenen polizeilichen Erhebungen und die Feststellungen des städtischen Einwohneramts wurden die Angaben der Maria Wenzel als zutreffend bestätigt. Die Mutter Elise Baier gehörte keiner Krankenversicherung an, ihr Anspruch auf Invalidenrente ist wegen unterlassener Markenklebung erloschen. Die in B wohnhafte Bäckermeistersfrau Rosa Rau, geb. Baier, lebt mit ihrem Mann, der ein kleines Geschäft und Anwesen hat, in Gütertrennung, besitzt kein Vermögen und keinen eigenen Verdienst, da sie mit Besorgung des Haushaltes und Ladengeschäftes vollauf in Anspruch genommen ist.

Eine vom Armenrat A veranlaßte, am 15. Januar 1916 abgegebene gutachtliche Äußerung des Amtsarztes über den geistigen Zustand der Elise Baier auf Grund persönlicher Untersuchung ergab, daß diese wahrscheinlich an Gehirnerweichung leidet und ihre Einschaffung in eine Anstalt im Hinblick auf ihren Zustand sowie behufs weiterer Beobachtung veranlaßt ist.

Der vom Armenrat A vorgerufene Ehemann Friedrich Baier erklärte sich außerstand, für seine Ehefrau etwas zu leisten; er sei amtsbekannt völlig vermögenslos, mit einem doppelten Leistenbruch behaftet, und könne sich höchstens 3 ℳ im Tag verdienen, womit er bei den teueren Kriegszeiten nur zur Not sich allein durchbringen könne. Seine amtsärztliche Untersuchung bestätigte eine Drittels-Erwerbsbeschränktheit.

Der Armenrat A beschloß hierauf am 30. Januar 1916 den Unterstützungswohnsitz der Elise Baier anzuerkennen, ihre am 20. Januar durch den Vorstand vorläufig veranlaßte Einschaffung in die Kreis-Heil- und Pflegeanstalt zu genehmigen und die Kosten der Verpflegung mit täglich 2 ℳ 20 ₰ auf die Armenkasse zu übernehmen, wobei jedoch der Ehemann Friedrich Baier einen Betrag von 50 ₰ für den Verpflegungstag aus seinem Verdienst zu ersetzen habe. Friedrich Baier, am 8. Februar 1916 hiervon verständigt, erklärte in einer vom Arbeitersekretariat A beim Armenrat A eingereichten, dort am 22. Februar 1916 eingelaufenen, an die Regierung von X, Kammer des Innern, gerichteten Eingabe vom 17. Februar 1916 neuerdings, daß er wegen Erwerbsbeschränktheit jede Zahlung ablehnen müsse und beantragte, daß der Ortsarmenverband A staatsaufsichtlich angehalten werde, die sämtlichen für seine Ehefrau anfallenden Verpflegungskosten zu tragen.

Nachdem am 25. Februar 1916 der leitende Arzt der Heil- und Pflegeanstalt sich gutachtlich dahin geäußert hatte, daß Elise Baier an Paralyse leide und dauernd der Anstaltspflege bedürfe, stellte der Armenrat A beschlußmäßig am 18. März 1916 an den Landarmenverband X Antrag auf Übernahme der Fürsorge für Elise Baier. Der Antrag lief am 28. März 1916 beim Landarmenverband ein. Noch bevor er beschieden war, starb Elise Baier in der Anstalt am 2. Mai 1916; als Todesursache wurde Paralyse festgestellt. Der Armenrat A bezahlte die gesamten in der Anstalt erwachsenen Verpflegungskosten sowie die Kosten der von der Anstalt vorgenommenen Beerdigung im Anstaltsfriedhof, letztere im Betrag von 96 ℳ, und machte bezüglich dieser sowie der Verpflegskosten vom Tag des Eingangs des Übernahmeantrags beim Landarmenverbande bis zum Todestag Erstattungsanspruch an den Landarmenverband X mit Schriftsatz vom 24. Mai 1916 geltend.

Der Landarmenverband X erkannte mit Beschluß vom 25. Juni 1916 den Erstattungsanspruch bezüglich der Verpflegungskosten an, lehnte jedoch den Ersatz der Beerdigungskosten ab, weil diese nicht zur „Anstaltspflege" gehören.

Mit Beschluß vom 10. Juli 1916 beantragte hierauf der Armenrat A bei der Regierung von X, Kammer des Innern, Verurteilung des Landarmenrats X zum Ersatz der Beerdigungskosten von 96 ℳ, indem er ausführte, die Kosten der von der Anstalt selbst bewirkten Beerdigung seien als ein Teil der Anstaltsfürsorgekosten zu betrachten, weil sie anläßlich des Aufenthalts der Kranken in der Anstalt erwachsen seien, umsomehr als die der Fürsorge Bedürftige an der Krankheit, die ihre Aufnahme veranlaßt habe, gestorben sei. Diese Verpflichtung ergebe sich auch aus dem Wort „allgemein" in Art. 58 Abs. I des bayer. Armengesetzes und aus § 46 Abs. II Satz 2 der Vollzugsanweisung hiezu, wie ja denn auch der Satz „soweit solche Personen der Anstaltspflege bedürfen" in Art. 58 Abs. I Ziff. 1 a. a. O. lediglich einen Relativsatz ersetze und nur bezwecke, den Personenkreis einzuschränken. Der erhobene Anspruch entspreche überdies dem Grundsatze, daß die Gebrechlichen-Fürsorge behufs gerechterer Lastenverteilung auf breitere Schultern gelegt werden wollte. Der durch die Regierung von dem Antrage des Ortsarmenverbands A verständigte Landesarmenverband X blieb auf seiner Zahlungsweigerung stehen.

Gleichzeitig mit seinem Antrag vom 10. Juli 1916 hatte der Armenrat A den Antrag des Friedrich Baier auf staatsaufsichtliche Entscheidung der Regierung vorgelegt mit dem Beifügen, daß er seinen Beschluß, wonach Baier mit einem täglichen Zuschuß von 50 ₰ zu den Verpflegungskosten seiner Ehefrau heranzuziehen sei, für die Zeit vom 20. Januar 1916 bis zur Übernahme der Kosten durch den Landarmenverband aufrecht erhalte; ein staatsaufsichtlicher Ausspruch, wie von Baier beantragt, würde das Selbstverwaltungsrecht des Ortsarmenverbands verletzen und diesen mit einer gesetzlich nicht begründeten Auflage belasten.

Mittlerweile hatte sich auch die Angelegenheit der Fürsorge für die Kinder weiter entwickelt:

Rosa Rau in B hatte ihre beiden Schwesterkinder Karl Baier und Anna Frank, nachdem diese von der Mutter auf wiederholte Aufforderung nicht abgeholt worden waren, am 1. Februar 1916 dem Armenrat B zur Obsorge überbracht, der sie noch am gleichen Tag in die städtische Kinderbewahranstalt B einwies; die Verpflegungskosten betrugen täglich je 1 ℳ. Nach Feststellung der persönlichen Verhältnisse und des übrigen Sachverhalts meldete der Armenrat B am 18. April 1916 den Unterstützungsfall und Kostenerstattungsanspruch beim Landarmenverband X an mit der Begründung, daß die Kinder landarm seien; bei dem Kind Karl Baier ergebe sich dies im Hinblick auf den Grundsatz, daß uneheliche Kinder den Unterstützungswohnsitz der Mutter teilen; diese aber besitze einen solchen, weil mit einem Ausländer verheiratet, überhaupt nicht, sei vielmehr als landarm zu betrachten; das gleiche ergebe sich bezüglich des ersteheliche̲n Kindes Anna Frank im Hinblick auf das Scheidungsurteil.

Der Landarmenverband X lehnte den am 25. April 1916 eingelaufenen Erstattungsanspruch nach Vornahme der erforderlichen Erhebungen am 1. Juni 1916 ab, indem er in erster Linie bestritt, daß die Kinder landarm seien. Es sei vielmehr, da die Scheidung der Ehe und die Wiederverehelichung der Mutter vor dem Inkrafttreten des Unterstützungswohnsitzgesetzes erfolgt sei, die Übergangsbestimmung des § 65 Abs. II Ziff. 1 dieses Gesetzes in der im Hinblick auf § 2 des RG. vom 30. Juni 1913 und Kais. Verordnung vom 4. April 1915 sich ergebenden Fassung ausschlaggebend. Hienach gelte für Übergangsfälle der Grundsatz, daß „perfekte Rechtsverhältnisse“ gewahrt bleiben; demgegenüber habe der sonst im UWG. herrschende Grundsatz der armenrechtlichen Familieneinheit zurückzutreten. Nach den Bestimmungen des bayerischen Heimatgesetzes sei sowohl das außereheliche als das ersteheliche Kind der Maria Wenzel in A beheimatet gewesen, beide hätten diese Heimat mit Eintritt der Geltung des UWG. in Bayern nach § 65 Abs. II Ziff. 1 a. a. O.

in den Unterstützungswohnsitz daselbst umgewandelt. Sollte übrigens tatsächlich eine Landarmeneigenschaft der Kinder begründet sein, so sei auf alle Fälle nicht der Landarmenverband X erstattungspflichtig, sondern vielmehr der dem Ortsarmenverband B vorgesetzte Landarmenverband Y, in dessen Bezirk die Hilfsbedürftigkeit der Kinder hervorgetreten sei.

Da sich letzterer auf Anzeige gleichfalls ablehnend verhielt, richtete der Armenrat B nunmehr Anzeige und Ersatzanspruch am 15. Juli 1916 an den Ortsarmenverband A mit Bezugnahme auf die einschlägigen Ausführungen des Landarmenverbands X. Der Armenrat A machte hinwiederum die Behauptung geltend, daß die Kinder landarm seien und berief sich hiezu insbesondere darauf, daß sich die Kinder im armenunmündigen Alter befänden und einen Unterstützungswohnsitz hienach von sich aus gar nicht hätten erwerben können, weil derartige allgemeine Grundsätze des UWG. der Übergangsbestimmung vorgehen müßten. Sollte gleichwohl ein Unterstützungswohnsitz der Kinder in A und eine Ersatzpflicht dieses Ortsarmenverbandes begründet sein, so müsse auf alle Fälle verlangt werden, daß die Kinder in die unmittelbare Fürsorge des Ortsarmenverbands A, wo sie in einer städtischen Wohltätigkeitsanstalt unentgeltlich Aufnahme finden könnten, überführt werden, was hiemit gegebenenfalls ausdrücklich beantragt werde.

Der Armenrat B beantragte hierauf bei der Regierung von X, Kammer des Innern, auf Grund Beschlusses vom 10. August 1916 Entscheidung der Sache, indem er in erster Linie den Landarmenverband als verpflichtet bezeichnete zum Ersatz der seit 1. Februar 1916 für die beiden Kinder in der städtischen Kinderbewahranstalt B erwachsenen und noch weiter erwachsenden Verpflegskosten und sich auf seine früheren Ausführungen bezog; hinsichtlich der Frage, welcher Landarmenverband erstattungspflichtig sei — X oder Y — wies er darauf hin, daß hiefür nach den Grundsätzen der armenrechtlichen Familieneinheit hier der Wohnsitz des Stiefvaters bzw.

der Mutter entscheidend sein müsse. Sollte jedoch bei der verwaltungsrechtlichen Prüfung der Rechtsverhältnisse sich ergeben, daß die Kinder nicht landarm seien, so werde in zweiter Linie beantragt, den Ortsarmenverband A, als den des Unterstützungswohnsitzes, zur Erstattung der Kosten im angegebenen Umfang zu verurteilen.

Sowohl die Landarmenverbände X und Y als der Ortsarmenverband A blieben, von der Klage verständigt, auf ihrem bisher eingenommenen Standpunkt stehen. Letzterer machte in seiner am 25. Oktober 1916 abgegebenen Gegenerklärung vor allem geltend, der Klagantrag des Armenrats B vom 10. August 1916 enthalte eine unzulässige Klagehäufung, indem sowohl der Landarmenverband X als der Ortsarmenverband A für die gleiche Forderung in Anspruch genommen werde; gleichzeitig wies er darauf hin, daß der am 15. Juli 1916 erstatteten Anzeige des Ortsarmenverbands B die nach Beilage 1 der Vollzugsanweisung zum bayer. Armengesetz und § 34 des UWG. hiemit zu verbindende Niederschrift über die Vernehmung des Hilfsbedürftigen (bzw. hier der Mutter oder wenigstens der bisherigen Pflegemutter) nicht beigelegen sei; die Anzeige sei hienach unvollständig und den gesetzlichen Anforderungen nicht entsprechend. Ferner beantragte der Armenrat A, die Regierung von X, Kammer des Innern, wolle für den Fall, daß die Kinder tatsächlich in A den Unterstützungswohnsitz besitzen sollten, aussprechen, daß der Ortsarmenverband B verpflichtet sei, dem seinerzeit hinsichtlich dieser beiden Kinder gestellten Überführungsantrag, der vom Armenrat B gänzlich unbeantwortet geblieben sei, stattzugeben. Der von diesem Antrag durch die Regierung verständigte Armenrat B gab auch hierauf keine weitere Erklärung ab.

Die Unterstützungsangelegenheit des Johann Wenzel selbst hatte folgende Entwickelung angenommen:

Johann Wenzel war bis zu seiner im Juni 1915 erfolgten Erkrankung an tuberkulösem Knochenfraß des rechten Fußes im Eisenwerk der Firma M in A beschäftigt und Mitglied der Betriebskrankenkasse dieser Firma gewesen; diese hatte auch die reichsgesetzliche Krankenhilfe geleistet und insbesondere die Kosten der Verpflegung des Wenzel im städtischen Krankenhaus A während der ersten 6 Monate, nämlich bis 17. Dezember 1915, getragen. Am 18. Dezember 1915 hatte die Krankenhausverwaltung entsprechend den Bestimmungen des früheren bayer. Armengesetzes dem Stadtmagistrat A Anzeige vom Ablaufe der Krankenhilfe der Krankenkasse erstattet mit dem Beifügen, daß noch eine mehrmonatige Krankenhausverpflegung des Wenzel, dem voraussichtlich ein Teil des Fußes abgenommen werden müsse, bevorstehe. Der Magistrat hatte die Anzeige der Regierung von X, Kammer des Innern, vorgelegt, die im Einvernehmen mit der Regierungsfinanzkammer die Verpflegungskosten vom 18. bis 31. Dezember 1915 auf die Staatskasse übernahm, dies mit Entschließung vom 28. Januar 1916 dem Stadtmagistrat A eröffnete und im übrigen auf die mit 1. Januar 1916 eingetretene Änderung der Rechtslage hinwies. Am 18. Juli 1916 war Wenzel nach wiederholt durchgeführter Operation aus dem Krankenhaus entlassen worden. Die Krankenhausverwaltung berechnete die seit 1. Januar 1916 bis dahin angefallenen Verpflegstage (1916 war ein Schaltjahr) unter Zugrundelegung des allgemeinen Verpflegungssatzes von 3 ℳ auf 600 ℳ und sandte die Rechnung am 1. August 1916 dem Ortsarmenverband A, der sie bereinigte und am 25. August 1916 Erstattungsanspruch an den Landarmenverband X erhob, weil Wenzel Ausländer und deshalb landarm sei.

Der Landarmenverband X lehnte am 2. Oktober 1916 den Erstattungsanspruch ab, weil weder ihm noch dem Ortsarmenverband A innerhalb der gesetzlichen Frist eine Anzeige über den Unterstützungsfall zugegangen sei. Die vor dem 1. Januar 1916 unter völlig anderen Rechtsverhältnissen an den Stadtmagistrat bezw. die Regierung erstattete Anzeige könne nicht hierher bezogen werden, es sei vielmehr so anzusehen, als ob an diesem Tage ein neuer Unterstützungsfall aufgetreten sei. Da das Krankenhaus keinerlei Auftrag des Ortsarmenverbands gehabt habe, sei die kurzfristige Anzeige des Art. 14 des Armengesetzes von 1914 geboten gewesen. Übrigens sei auf alle Fälle der Landarmenverband nicht zur Erstattung der vollen Verpflegungskosten nach den allgemeinen Krankenhaussätzen verpflichtet. Gemäß § 30 Abs. III und IV UWG. dürften bei Ersatzansprüchen zwischen den Armenverbänden die allgemeinen Verwaltungskosten der Armenanstalten nicht in Ansatz gebracht werden und die hienach besonders aufzustellenden Tarife der Krankenhäuser nicht überschritten werden. Die für das städtische Krankenhaus A nach Art. 13 des Armengesetzes von der Regierung von X, Kammer des Innern, genehmigten, im Kreisamtsblatt veröffentlichten Tarifsätze hätten für diese Fälle einen Verpflegungssatz von 2 ℳ 20 ₰ bestimmt und sähen für Ausländer keine Ausnahme vor; die Ersatzforderung müsse sich sohin auf alle Fälle auf 440 ℳ ermäßigen.

Der Ortsarmenverband A wies mit Schriftsatz vom 28. November 1916 demgegenüber darauf hin, daß, was die Bemängelung der Anzeigeerstattung anlangt, Art. 62 Abs. II des Armengesetzes überhaupt keine besonderen Voraussetzungen für die allgemein begründete Erstattungspflicht der Landarmenverbände bei Unterstützung von Ausländern kenne; eine neuerliche Anzeige sei keinesfalls geboten gewesen, nachdem der Unterstützungsfall bereits vor dem 1. Januar 1916 eingetreten und nach damals geltender Vorschrift ordnungsgemäß angezeigt worden sei. Bezüglich der Forderung der Tarifeinhaltung bemerkte der Ortsarmenverband, der Landarmenverband habe allerdings den festgesetzten Tarifsatz richtig angegeben, er übersehe jedoch, daß bei Bekanntgabe des Tarifs ausdrücklich bestimmt worden sei, daß dieser keine Anwendung zu finden habe bei Ersatzansprüchen, die wie es hier der Fall sei, auf landesgesetzlicher Regelung beruhen. Dies entspreche der in den Gesetzgebungsverhandlungen zum Ausdruck gebrachten Absicht des Gesetzgebers und sei auch sonst im Armengesetz beachtet; so werde in den Fällen des Art. 56 Abs. I a. a. O. der „volle“ Aufwand — sohin ohne Anwendung des Tarifs — ersetzt, und auch in den Fällen des Art. 58 Abs. IV a. a. O. erfolge die Vergütung unter Zugrundelegung des „reinen" Unterstützungsaufwands. Wäre die Anschauung des Landarmenverbands richtig, so müßte der Ortsarmenverband ohne irgend welchen Rechtsgrund den Unterschied zwischen Tarif- und vollem Verpflegungssatz selbst leisten.

Der Landarmenverband wies demgegenüber darauf hin, daß die Ersatzforderungen für Ausländer-Unterstützungen überhaupt nicht auf landesgesetzlicher Regelung beruhen, vielmehr durch § 30 des UWG. begründet seien.

Der Ortsarmenverband A beantragte hierauf beschlußmäßig am 2. Januar 1917 bei der Regierung von X, Kammer des Innern, verwaltungsrechtliche Entscheidung der Sache unter Verurteilung des Landarmenverbandes X zum Ersatz von 600 ℳ Verpflegungskosten samt 4 % Zinsen hieraus seit 25. August 1916. Der zur nochmaligen Äußerung durch die Regierung von X veranlaßte Landarmenverband blieb auf seinem Standpunkt stehen und bestritt weiter die Berechtigung, in armenrechtlichen Ersatzstreitigkeiten zwischen Armenverbänden Zinsen zu fordern.

Die Entscheidung der verschiedenen Streitigkeiten bei der Regierung verzögerte sich infolge der Kriegsverhältnisse bis Dezember 1918.

Es ist der Bescheid der Regierung von X, Kammer des Innern, unter Würdigung sämtlicher Anträge und Einwendungen zu erlassen. Vorstehende Aufgabe hat hiebei als Sachverhalt zu gelten.

FSC
www.fsc.org
MIX
Papier | Fördert
gute Waldnutzung
FSC® C083411

Kolibri 360 GmbH
Ferdinand-Jühlke-Straße 7
99095 Erfurt, Deutschland
produktsicherheit@kolibri360.de